결혼을 안 한다고? 난센스!
NONSENSE

결혼을 안 한다고? 난센스(Nonsense)

초판 1쇄 발행 2020년 2월 10일

지은이 손동규
펴낸이 장길수
펴낸곳 지식과감성#
출판등록 제2012-000081호

디자인 박예은
편집 장홍은, 윤혜성
교정 정은지
마케팅 고은빛

주소 서울시 금천구 벚꽃로298 대륭포스트타워6차 1212호
전화 070-4651-3730~4
팩스 070-4325-7006
이메일 ksbookup@naver.com
홈페이지 www.knsbookup.com

ISBN 979-11-6275-991-2(03330)
값 13,000원

ⓒ 손동규 2020 Printed in Korea

잘못된 책은 구입하신 곳에서 바꾸어 드립니다.
이 책의 전부 또는 일부 내용을 재사용하려면 사전에 저작권자와 펴낸곳의 동의를 받아야 합니다.

이 도서의 국립중앙도서관 출판예정도서목록(CIP)은 서지정보유통지원시스템
홈페이지(http://seoji.nl.go.kr)와 국가자료공동목록시스템(http://www.nl.go.kr/kolisnet)에서
이용하실 수 있습니다. (CIP제어번호 : CIP2020004123)

홈페이지 바로가기

50대에도 당당할 수 있다면 '비혼'하라!

결혼을 안 한다고? 난센스!
NONSENSE

손동규 지음

지식과감정

| 이 책을 내며 |

'내가 왜 독박육아를 해야 하나!', '나 혼자 살기도 힘든데 왜 처자식까지 먹여 살려야 하나!', '구속받는 게 싫어서…', '혼자 살면 편한데 왜 매일 지지고 볶고 해야 하나…' 미혼들이 내세우는 결혼 기피 이유들이다.

최근 한국보건사회연구원에서 미혼들을 대상으로 '결혼 필요성'에 대해 조사한 결과 71.2%가 '결혼에 부정적이거나 소극적'으로 대답한 것과 맥을 같이한다.

이런 추세를 반영하듯 우리나라의 최근 혼인 및 출산 성적표는 매년 '최저'를 갱신하고 있다. 관련 통계가 이를 대변해 준다(각 2015년과 2018년 비교). 혼인 건수(30만 2천 800건 → 25만 7천 600건), 조혼인율(인구 1천 명당 혼인 건수: 5.9명 → 5.0명), 신생아 수(43만 8천 400명 → 32만 6천 800명), 합계 출산율(1.24명 → 0.98명).

한마디로 참담하다. 결혼 기피 현상이 지속되는 한 출산율 호전은 기대하기 어렵다. 그렇다면 지금과 같은 결혼 기피 현상은 앞으로도 계속될까? 아니다. 저자가 보기에는 과도기적 현상에 불과하다.

첫째, 남자든 여자든 이성을 근본적으로 배척하지는 않는다. 생활에 여유가 생기고 자유와 인권이 강화되면 (이성 간의) 사랑과 결혼에 대한 수요는 오히려 늘어난다. 우리나라는 물론 동서고금을 막론하고 예외가 없다. 단지 현재의 생활 여건과 구태의연한 결혼 관습 등으로 (전통적인) 결혼에 호의적이지 않을 뿐이다. 환경이 개선되고 시대에 맞는 (결혼) 대안이 나온다면 상당 부분 해소될 것이다.

서구 선진국에서도 정식 결혼을 부담스러워하자 동거 제도 등을 통해 문제를 해결해 나가고 있다. 그 결과 2017년 기준으로 경제협력개발기구 회원국은 1.65명, 유럽연합은 1.59명의 합계 출산율을 유지하고 있다. 그러므로 노력 여하에 따라서는 우리나라도 합계 출산율을 현재의 0.98명에서 1.5명 수준까지는 끌어올릴 수 있을 것이다.

둘째, 뒤늦게 결혼의 필요성을 절감하는 독신들이 많다. 결혼할 필요가 없다며 비혼을 선택했던 사람들이다. 최근에는 40대는 물론 50대, 60대 중에서도 초혼에 도전하는 사람들이 적지 않다. 반면 결혼 경험자가 비혼자를 부러워하는 경우는 거의 없다.

셋째, 나이가 많아지면서 미혼 여성 가구주가 계속 줄어든다. 여성가족부 등의 조사 자료에 따르면 2018년 현재 20대 미혼 여성 가구주는 39.7%에 달하나 50대는 7.8%에 불과하다. 미혼 여성들이 나이가 들면서 결혼을 통해 가구주 신분을 벗어나는 것이다.

넷째, 결혼을 기피하는 이유상에 문제가 있다. 2030세대들이 결혼 생활을 영위할 세상은 2020년부터 2030년, 2050년 등 다가올 미래이다. 1인당 국민소득이 3만 불에서 7만 불의 시대로서 현재의 5060세대가 살아온 5천 불에서 3만 불 시대와는 비교가 되지 않는다. 부모의 결혼 생활을 보고, 또는 지금 당장의 결혼 환경이 열악하다며 비혼을 택한다면 그것은 졸속이고 곧 근시안적 결정으로 판명날 것이다.

마지막 다섯째, 우리나라 국민들은 자녀에 대한 애착이 어느 민족보다 강하다. 5년, 10년 후 비혼 1세대들이 50대, 60대가 됐을 때 무자녀라는 사실을 안타까워할 개연성이 매우 높다. 결혼에 소극적인 2030세대들에게 반면교사가 될 수 있다.

저자의 이런 진단에는 한 가지 단서가 있다. 당장 근년부터 결혼 생활 여건은 물론 결혼의 의미, 결혼 생활에 임하는 남녀 모두의 자세 등에 혁명적인 변화가 와야 한다는 점이다.

결혼을 하든 말든 그것은 각자의 선택이다. 하지만 중요한 결정을 내릴 때는 정확한 정보에 기초해야 한다. 인륜지대사인 결혼과 같은 중차대한 사안이라면 더더욱 그렇다. 저자가 이 책을 쓰는 주목적이다.

저자는 2030세대들이 결혼에 대해 올바른 판단을 할 수 있도록 다음의 세 가지에 초점을 맞추어 이 책을 전개한다.

그 첫 번째는 2030세대들이 맞이할 결혼 환경을 정확하게 예측하는 것이다. 부모세대가 경험한 결혼과 미래의 결혼 환경 간에 어떤 차이가 있는지 비교 분석하고 선진국의 사례도 소개한다.

두 번째로는 미래의 바람직한 결혼 개념을 제시한다. 사회 여건이 변하면 결혼의 의미나 행태도 바뀌어야 한다. 2020년 이후의 시대 분위기를 가장 잘 담아낼 결혼 개념을 제안한다.

마지막 세 번째로는 결혼의 알파요 오메가인 배우자 물색이다. 어렵게 결혼을 택했다면 독신 생활보다 훨씬 나아야 한다. 성공적인 결혼의 핵심 요건인 배우자를 고르는 기준과 검증 방법을 다각

도로 제시한다.

　사실 요즘은 결혼을 하려고 해도 생각대로 잘 되지 않는다. 각자 본인 특유의 배우자 조건에 집착하여, 이상형의 이성에게 선택받기 힘들어서, 적정 시기를 놓쳐서, 기타 결혼 준비 및 여건이 미비하여 등과 같은 이유 때문이다.

　따라서 결혼관이 확고하게 자리 잡힐 때까지는 결혼 여부를 선불리 결정하지 말아야 한다. 결혼에 대해 긍정적인 자세를 가지고 조기에 적극적으로 임해야 후회를 줄일 수 있다.

　마지막으로 결혼 사례자 소개와 2030세대의 결혼관 등에 대해 조언을 아끼지 않은 이경 비에나래 총괄실장에게 감사드린다.

Contents

이 책을 내며 5

1. 2030세대들의 결혼 기피 이유, 과연 타당할까?

가. 결혼하면 '맞벌이+육아+가사' 등으로 혹사당한다? 17
나. 결혼하면 '자녀 교육비' 때문에 등골 빠진다? 20
다. '집 장만'하기 힘들어 결혼하고 싶어도 못 한다? 21
라. '경제력' 있는데 구태여 결혼할 필요 있나? 21
마. 결혼하면 '구속'당해서 싫다? 24
바. 결혼 생활은 '갈등의 연속'인데 뭐 하러 결혼하나? 27

2. 비혼 선구자들의 인생, 얼마나 화려할까?

1) 앞선 세대의 독신자들, 기혼자보다 행복할까? 33
   가. 58세의 승무원 출신 L 씨 33
   나. 60세의 학원 강사 출신 N 씨 36
   다. 55세의 무직자 C 씨 39
   라. 65세에 결혼한 66세의 교사 정년 퇴임자 H 씨 41

2) '결혼은 선택'을 외치던 현재 40대 여성들, 그들의 현주소는? 44
   가. 49세의 유명 의류 회사 출신 P 양 44
   나. 47세의 세계적 외국계 회사 이사 S 양 47
   다. 48세의 내과의사 O 양 49
   라. 40대의 비혼 여성들, 결혼을 안 한 걸까 못 한 걸까? 50

3) 앞선 세대의 기혼자들, 결혼한 것을 후회할까? 58
   가. 60세의 전직 교수 L 씨 58
   나. 손주 셋 둔 63세의 Y 씨 60
   다. 59세의 네 번째 결혼 추진자 H 씨 63

3. 우리나라의 후진적 결혼 관행, 앞으로도 지속될까?

1) 엄마세대는 왜 결혼 생활이 힘들었을까? 69
2) 엄마세대와 나의 결혼 환경, 무엇이 얼마나 다를까? 77
   - 가. 결혼에 대한 인식 변화 77
   - 나. 남녀 간의 위상 변화 78
   - 다. 결혼 환경의 변화 82

4. 왜 세계 대부분의 사람들은 시공간을 초월하여 결혼을 하고 있을까?

1) 후회한다는 결혼, 다들 왜 할까? 90
   - 가. 부부는 서로 돕고 서로 성장시킨다 90
   - 나. 사랑의 평생 파트너를 통해 삶에 활력과 안정을 얻는다 90
   - 다. 인간의 다양한 욕구를 해결해 준다 92
   - 라. '평범한 삶'에서 벗어나는 데 대한 두려움이 있다 93
   - 마. 남녀별 특징을 융합하여 서로가 서로를 보완한다 94
   - 바. 평생 희로애락의 공유자가 된다 96
2) 결혼은 사회적으로 어떤 의미를 지닐까? 97

5. 행복한 부부와 불행한 부부, 어디에서 갈릴까? (사례연구)

1) 행복한 부부들(일곱 커플 소개) 101
2) 무난하게 사는 부부들(다섯 커플 소개) 114
3) 불행한 부부들(다섯 커플 소개) 123

6. 결혼 생활의 만족도, 어떻게 높일 수 있을까?

1) 결혼 생활은 왜 어려울까? 135
- 가. 남자는 '화성' 출신, 여자는 '금성' 출신이라 135
- 나. '불완전한' 개체 간의 결합이다 보니 137
- 다. 무촌의 부부, 가깝긴 한데 '이해타산'이 개입되다 보니 138
- 라. '나(개인)'와 '우리(부부)'의 경계가 모호하다 보니 138
- 마. 결혼 생활은 '밀림지대' 탐험하듯 전도가 불투명하여 139
- 바. '가정'이라는 객관적 규범이 인정되지 않는 주관적 공동체이다 보니 139
- 사. 결혼은 '가족 간의 결합'이라 140
- 아. 결혼 전 '배우자 검증'상의 한계 때문에 140
- 자. 우리나라 특유의 '과도기적 시대 상황' 때문에 141

2) 2020년대, 어떤 결혼관을 가져야 결혼 생활이 원만할까? 142
- 가. 결혼에 앞서 '협약서'를 작성하라 142
- 나. 결혼에 '인턴제'를 도입하라 145
- 다. 戀7婚3의 분위기를 유지하라 147
- 라. 결혼은 '2人3脚' 아닌 '2人3手' 달리기이다 149
- 마. '내 인생의 주체는 나'라는 책임 의식이 필요하다 150
- 바. Give&Take 정신으로 결혼 생활에 임하라 152
- 사. '기본과 정도' 정신으로 'Win-Win 결혼'을 이루자 153
- 아. 가정을 부부 중심으로, 배우자를 힝싱 최우신에 두라 154
- 자. 평생 '고(苦)와 락(樂)'을 함께할 준비가 돼 있어야 한다 155
- 차. 초심 유지를 위해 '부부 중간 평가제'를 실시하라 156

7. 결혼의 알파와 오메가인 배우자, 어디에 주안점을 두고 골라야 할까?

1) 배우자는 어떤 기준으로 골라야 할까? 161

가. 일반적 기준 161
- 절대 조건(선행 조건) 161
- 필수 조건(결정 요인) 162
- 희망 조건 162
- 기타 각 개인별 선택적 조건 162

나. 이상적인 기준 163
- 필수 조건(결정 요인) 163
- 희망 조건 164
- 기타 각 개인별 선택적 조건 164

2) 짝짓기를 할 때 어떤 점에 유의해야 할까? 165

가. 자신을 아는 데서부터 출발해야 한다 165
나. 남녀의 총점이 비슷해야 한다 167
다. 가급적 과락이 없어야 한다 168
라. 프로필 중 특출한 사항이 있으면 결혼에 유리하다 169
마. 특정 항목의 수준 차가 심하면 갈등 요인으로 작용할 수 있다 170
바. 사회 상식과 배치되는 짝짓기에는 난관이 도사릴 수 있다 171
사. 본인 노력으로 일군 프로필이 값지다 172
아. 과거 이력은 참고 사항일 뿐 '미래'가 중요하다 173

8. 결혼상대, 무엇을 어떻게 검증해야 할까?

1) 결혼 전에 상대의 어떤 점을 중점적으로 살펴봐야 할까? 180

가. 성격(성향, 가치관, 생활 자세, 습성, 유머, 기질 등) 측면 180
나. 경제적 측면 183
다. 외모, 신체 조건 측면 185
라. 학력, 교양 측면 186
마. 가정 환경 측면 186
바. 기타 각 개인별 선택적 조건 187

[결혼에 실패한 사람들의 주요 이혼 사유] 189

2) 결혼 상대를 검증할 때 어떤 방법이 효과적일까? 191

(1) 검증 개요 192
(2) 검증 방법 193
　가. 일상 대화 및 교제를 통해 193
　나. 식사를 같이 하면서 195
　다. 공중도덕 관념을 보면서 197
　라. 술자리를 통해 198
　마. 취미 활동을 같이 하며 199
　바. 상대의 친구들과 자리를 함께하며 199
　사. 자동차 운전, 드라이브를 통해 200
　아. 상대의 직장이나 사업장 방문을 통해 201
　자. 상대의 집을 방문해 보고 202

[결혼 상대를 관찰할 때 참고할 사항: 결혼 전후의 차이] 204

1.
2030세대들의 결혼 기피 이유, 과연 타당할까?

앞으로 결혼하는 2030세대들은 평균 50년(2070년까지) 내지 60년(2080년까지) 가까이 결혼 생활을 하게 된다. 이 기간 동안 우리나라는 경제적으로는 물론 사회 보장 제도 측면에서도 엄청난 변화를 가져올 것이다. 정부에서 최근 발표한 우리나라의 중장기 1인당 국민소득 목표를 보면 2024년에 4만 불, 2050년에는 7~8만 불에 이른다. 2019년 현재 1인당 국민소득이 4만 불대인 국가는 영국, 프랑스, 일본, 독일, 네덜란드 등이고, 5만 불대에는 덴마크, 스웨덴, 싱가포르 등이 포함돼 있다. 7만 불대에 올라 있는 국가는 노르웨이, 룩셈부르크, 아이슬란드 등이다.

과거 30년 동안 우리나라의 결혼 생활 여건은 아무도 예측하지 못했을 정도로 많이 변했다. 2030세대들이 살아갈 사회는 짧게는 4~5년, 길게 봐도 10년 내에 지금 우리가 한없이 부러워하는 복지 선진국들과 비슷하게 돼 있을 것이다. 부모 세대가 1인당 국민소득이 5천~3만 불 시대에 결혼 생활을 영위해 왔다면, 지금의 20대와 30대들은 3만 불에서 시작하여 7~8만 불의 선진 복지 사회에서 결혼 생활을 한다는 것이다.

젊은이들이 지금 당장은 결혼에 부담을 느낄 수 있다. 하지만 결혼해서 살다 보면 과거세대가 그러했듯이 현재의 결혼세대도 결혼 친화적 환경의 도래를 온몸으로 체감할 것이다. 결혼 여부를 결정할 때는 장기적으로 보고 신중해야 한다.

현재 20대와 30대 미혼들은 여러 가지 이유로 결혼에 소극적이다. 장기적 관점에서 볼 때 과연 그들의 생각이 타당한지 사실 여부를 점검해 본다.

가. 결혼하면 '맞벌이+육아+가사' 등으로 혹사당한다?

시쳇말로 독박육아다. '결혼은 필수가 아닌 선택'이라며 결혼에 소극적인 여성들이 많이 내세우는 이유이다. 직장에 다니면서 애도 봐야 하고 집안일도 손수 다 처리해야 돼서 결혼하기 싫다는 것이다. 현재의 시각으로 보면 당연히 일리가 있다. 하지만 우리나라도 곧 서구의 복지 선진국을 뒤쫓아 갈 것이다. 1) 정부의 무상 보육 등 가족 정책이 확대 시행될 것이고, 2) 기업들도 가정 친화적 문화를 도입할 것이며, 3) 남성들도 육아 및 가사에 적극 참여하는 방향으로 의식 변화가 속속 진행될 것이다.

현재 우리나라 정부가 보육 등 가족 정책에 투자하는 예산은 국내총생산(GDP)의 1.195%에 불과하다. 이는 경제협력개발기구(OECD) 회원국들의 평균치인 1.974%에 크게 못 미쳐서 회원국 중 단연 꼴찌이다. 합계 출산율도 2018년 현재 0.98명으로서 OECD 회원국 중 가장 낮다. 합계 출산율이 높은 프랑스와 스웨덴 같은 국가도 장기간에 걸쳐 투자를 늘린 끝에 출산율이 현재의 수준으로 올려졌다.

가족 정책에 쏟아붓는 예산을 보면 프랑스가 GDP 대비 2.935%, 스웨덴은 3.537%로서 우리나라보다 각각 2배, 3배 정도 높다. 이런 투자를 통해 프랑스는 1994년 합계 출산율이 1.66명이 었으나 등락을 거듭하며 2017년 현재는 2.07명 수준을 유지하고 있다. 스웨덴은 1998년 1.50명에서 2017년 현재 1.88명으로 높아졌다. 우리나라도 지난 10년간 가족 정책에 100조 원의 예산을 투입했으나 아직 효과는 미미하다. 이런 시행착오를 거쳐 앞으로도 계속 투자 증대와 함께 좀 더 실효적인 정책이 실행될 것이다.

선진국의 가족 정책에 대해 좀 더 구체적으로 살펴보자면, 프랑스는 0~2세까지의 영아에게 집단 어린이집을 무료로 제공하고, 3~5세의 유아에게는 유치원에 의무적으로 보내게 하며, 그 외 6세 이하의 어린이를 위해서는 일시 어린이집과 집단 어린이집 그리고 (유치원이 끝난 후의) 놀이방 등의 시설을 운영하여 육아를 지원하고 있다. 프랑스 정부가 이런 가족 정책을 실시한 결과 세 자녀를 키우면서 직장에 다니는 워킹맘의 비중이 78%에 이르렀고, 네 자녀를 둔 워킹맘도 59%에 달한다. 그 외에도 프랑스에서는 유아수당과 영아보육수당, 가족수당 등과 같은 현금 지원책도 실시하고 있다. 스웨덴의 경우 출산과 양육은 남녀 공동의 몫이라는 원칙 아래 여성들이 일과 가정을 양립할 수 있도록 제도적으로 뒷받침하고 있다.

복지 선진국들은 가족 정책뿐 아니라 직장 남성의 육아휴직도 적극 권장하고 있다. 그 결과 북유럽 국가에서는 직장 남성의 40% 이상이 육아휴직을 활용하고 있다. 우리나라의 13.4%(2017년)와는 천양지차다. 또 독일의 경우 남성도 15주간 육아휴직을 의무화하고 있을 뿐 아니라 49주간의 엄마·아빠 휴직 기간에는 100%의 임금을 지급토록 하고 있다.

그러나 정부와 기업의 가정친화적 정책만으로는 한계가 있고 남성들의 협조 또한 절실하게 요구된다. 우리나라는 아직까지 남성들의 가사 분담률이 전반적으로 낮고, 자녀 양육에 대한 남성의 참여도도 떨어진다. 가부장적 사회 분위기가 일부 남아 있기 때문이다. 하지만 소득이 높아지고 의식이 선진화되며 여성의 지위가 상승하면 우리나라 남성들도 육아 및 가사 등에 협조적으로 바뀌지 않을 수 없다.

또 한 가지 명심할 점은 육아도 한때라는 것이다. 자녀를 기껏 한 명 혹은 두 명 출산하기 때문이다. 결혼 생활이 60년 정도 이어진다고 보면 그중 육아에 집중하는 기간은 아주 작은 일부에 지나지 않는다. 더구나 일정 기간 자녀를 키우고 나면 그 후부터는 부모, 특히 어머니에게 자녀는 세상에 둘도 없는 든든한 친구이자 지지자 및 후원자가 된다. 절대 밑지는 장사가 아니다.

나. 결혼하면 '자녀 교육비' 때문에 등골 빠진다?

우리나라 부모들의 교육열은 전 세계적으로 유명하다. 당연히 교육비가 많이 들어간다. 하지만 여러 가지 측면에서 앞으로 교육비 부담은 점점 줄어들 전망이다. 현 정부에서는 '국가가 책임지는 교육, 미래를 준비하는 교육'이라는 정책 기조하에 유아 교육 공공성 강화 정책과 고교 무상 교육 정책, 대학 학비 부담 정책 등을 발표하여 이미 시행 중에 있다. 대학생들의 학비 부담을 줄이기 위해 지난 10년 동안 등록금을 동결해 왔으며, 최근에는 반값 등록금과 입학금 폐지 등과 같은 정책도 도입·실시하고 있다.

한편 2005년부터는 대학 진학률도 떨어지고 있다. 2000년도에 68.0%이던 대학 진학률은 2005년도에 82.1%로 정점을 찍은 후, 2009년 77.8% → 2014년 70.9% → 2018년 69.7%와 같이 하향 추세를 보이고 있다. 앞으로도 이러한 추세는 지속될 것으로 보인다. 선진국의 대학 진학률 역시 미국 60~70%, 일본 50%, 유럽 선진국 40~50%로서 우리나라보다 높지 않다.

그 외에도 앞에서 보았듯이 우리나라의 출산율은 당분간 1명 수준에 머물 것으로 예상되기 때문에 교육비 측면에서는 부담을 줄여 준다.

다. '집 장만'하기 힘들어 결혼하고 싶어도 못 한다?

청년들이 신혼집을 장만하려면 부담이 큰 게 사실이다. 하지만 정부나 지자체에서는 신혼부부와 무주택 서민들을 위해 꾸준히 주택 공급 정책을 내놓고 있다. 2019년 한 해만 해도 공공임대 주택 13만 6천 가구와 공공지원 임대주택 4만 가구 등 17만 6천 가구의 공공 임대주택을 공급한다. 여기에는 신혼부부들을 위한 신혼 희망 타운과 행복 주택, 무주택 서민들을 위한 국민임대 주택과 장기전세 주택, 전세임대 주택, 주거복지동 주택, 공공 기숙사 등이 포함돼 있다. 저소득 빈곤 가구를 위해 27.4조 원의 주택금융도 지원한다. 앞으로도 이런 정책은 점점 확대 시행될 것이다.

따라서 신혼집을 마련할 자금이 부족하다면 일단 원룸이나 전세 등으로 시작하면 된다. 결혼해서 살다 보면 머지않아 해결책이 나올 것이다. 뿐만 아니라 결혼하면 집 장만에 혜택도 주어지고 수입원도 두 배로 늘어나므로 집을 장만하는 데 유리해진다.

라. '경제력' 있는데 구태여 결혼할 필요 있나?

재벌가나 부유층의 딸은 결혼할 필요가 없을까? 또 여태까지 인류가 존속해 오면서 경제적으로 자급자족 능력이 있었던 남자는 왜 결혼을 했을까? 인간이 결혼을 하는 데는 복합적인 이유와 목석이 있다. 인간에게는 신체적, 심성적 그리고 경제적 안전·안정을 도모하려는 욕구, 사랑을 주고받을 가족이라는 공동체를 만들고 거기에 속하려는 욕구 등 다양한 욕구가 있다. 이런 욕구들을 충족시키는 데 결혼만큼 좋은 방법은 없다.

독신 여성들 중에는 '가슴 한 구석이 늘 허전하다', '여자 혼자 사니 (주변에서) 만만하게 본다', '나이가 먹어도 어른 취급을 안 해준다', '대소사가 있을 때 힘들다', '고독사하는 사람들을 보니 두렵다', '혼자 살다가 병들고, 사고 나면 어쩌나 겁난다' 등의 불만을 자주 토로한다.

그런가 하면 여성들과 결혼(또는 재혼) 상담을 하다 보면 '직장생활을 강요하는 남자는 싫다', '(결혼한 후에) 직장생활을 계속하고 말고는 내 마음대로 결정하고 싶다', '좋은 사람 만나면 직장을 그만두고 싶다' 등과 같은 희망 사항을 제시하는 사례가 빈번하다. 실제로 결혼을 하고 자녀를 가지게 되면 많은 여성들이 직장을 그만둔다는 통계가 있다.

통계청에서 조사한 NEES(Not in Education, Employment and Social activity) 비중이 그것이다. NEES란 교육이나 경제활동 등 어떠한 사회활동에도 참여하지 않는 집단을 말하는데, 기혼자 중에는 실업자와 전업주부가 여기에 속한다. 조사 결과를 보면 남성과 여성 그리고 여성의 경우 자녀 유무에 따라 그 비중에 큰 차이가 있다. 우선 20~34세의 기혼 남성은 NEES 비중이 3.5%

이나 기혼 여성은 41.7%로서 여성이 훨씬 높다. 직장이 없는 기혼자는 남성보다 여성이 훨씬 많다는 것을 알 수 있다.

또 기혼의 30세(남성 12.3%, 여성 27.7%)와 34세(남성 8.7%, 여성 33.8%)를 비교해 볼 때, 남성은 나이가 들면서 NEES 비중이 줄어드나 여성은 늘어난다. 한편 25~29세 기혼 여성 중 무자녀의 NEES 비중은 26.3%이나 12세 이하 자녀가 있을 때는 53.0%로 높아져 자녀가 생기면서 많은 여성들이 일을 그만둔다는 것을 알 수 있다. 한편 30~34세 기혼 여성 중 13세 이상 자녀가 있을 경우 NEES 비중은 31.6%로서 (12세 이하 자녀가 있을 때의 53.0%보다) 많이 낮아진다. 자녀가 성장하면서 직장을 다시 다니는 여성이 늘어난다는 것을 의미한다.

하지만 자녀가 13세 이상이 되었는데도 직장에 나가지 않은 여성도 21.4%에 이르러 많은 여성들이 자녀를 가지면서 자발적이든 비자발적이든 직장을 그만둔다는 것을 알 수 있다. 이 통계는 한편으로는 우리나라 기혼 여성들의 출산 후 경력 단절 현상을 증명하는 자료이기도 하지만, 다른 한편으로는 출산과 육아를 계기로 본인이 희망할 경우 전업주부로 눌러앉을 기회로 활용하기로 한다는 것이다. 만약 결혼을 하지 않고 비혼으로 혼자 산다면 이런 '일하지 않고 살 자유'를 누리기는 쉽지 않을 것이다.

마. 결혼하면 '구속'당해서 싫다?

결혼을 하면 서로가 서로를 간섭한다. 그러다 보니 생활이 구속당하고 부자연스러워지기도 한다. 인간사 모든 일에는 장단점이 공존한다. 구속과 부자연스러운 상황을 벗어나기 위해 독신을 선택하면 그런 목적은 일부 달성할 수 있겠지만, 그 대신 외로움과 결핍, 선택권의 제한, 불안, 불편 등의 수많은 단점에 직면한다. 각자 선택의 문제이다.

한편 앞으로의 결혼 생활은 과거의 결혼 생활 패턴과는 근본적으로 달라진다.

그 첫 번째 이유는 맞벌이에서 기인한다. 부부 모두 비슷한 시간에 출근하여 비슷한 시간에 퇴근한다. 둘 다 대부분의 시간을 밖에서 보내고 저녁에 잠깐 시간을 공유한다. 남편이 아내에게 이런저런 부탁할 일도 별로 없고, 아내가 퇴근하는 남편을 위해 준비할 사항도 없다. 주말이 되면 가사를 함께 할 수밖에 없다. 또한 각자 경제력이 있으니 상대에게 기댈 일도 별로 없다. 자연히 시가(혹은 처가)에 종속되거나 구속받을 일도 많지 않다. 시가(혹은 처가)에서 일을 시키기 위해 직장 일을 그만두라고 할 간 큰 시부모(혹은 처부모)는 없기 때문이다.

두 번째로는 집안일이 대폭 줄어든다. 1) 식사 준비가 간소화된다. 2) 자녀 양육에 드는 일손이 대폭 줄어든다. 보육기관을 많이 활용하게 되기 때문이다. 3) 가사에 도우미의 힘을 빌리는 경우도 많아진다. 4) 명절이나 제사 준비도 시대에 맞게 현실화된다.

세 번째로는 결혼 관습도 많이 바뀐다. 구속보다는 상호독립성을 존중하는 방향으로 발전해 간다. 이는 제6장에서 자세히 설명하고자 한다.

네 번째로는 변형된 형태의 결혼이 주류를 이룬다. 동거, 결혼과 연애의 혼합 형태 등과 같은 비공식적 남녀 관계가 많아진다. 프랑스의 사례를 보자. 프랑스에서는 정식 결혼을 하는 비중은 57%이고, 시민연대협약(PACS: Pacte Civil de Solidarité)이라는 동거 제도를 활용하는 비중이 43%에 달한다. 많은 커플들이 동거 형태로 산다. 또 결혼하는 부부의 90% 이상이 동거 과정을 거치는데 그중 30%는 첫아이를 출산한 후 정식 결혼을 하고, 18%는 두 번째 자녀를 가진 후 법적 부부가 된다.

프랑스에서는 1968년 5월 혁명과 더불어 '모든 권위, 억압으로부터의 해방'을 추구하는 과정에서 결혼에 대한 인식도 많이 바뀌었다. 그 영향으로 동거를 선호하게 됐는데 그것이 1999년 PACS를 탄생시켰다. 본래 동성 커플의 권리를 보상하기 위해 이 제도가 만들어졌으나 이성 커플들도 많이 활용하고 있다. 법적 부부와 동일하게 세금 공제와 보조금 등의 혜택을 부여하며 배우자 상속도 보장한다. 동거는 신청도 쉽고 해제도 매우 간편하다.

프랑스에 PACS가 있다면 영국에는 시빌 파트너십(Civil Partnership)이 있다. 2004년에 도입됐다. 도입 당시에는 동성 간에 인정한 혼인 관계였는데 2018년부터는 이성 커플에게도 확대 적용하고 있다. 시빌 파트너십은 상속, 세제, 연금, 양육 등의 측면에서 전통적인 결혼 제도와 거의 동일하게 적용받는다. 뿐만 아니라 결혼에 포함되는 전통적, 종교적 의미나 절차를 생략할 수도 있다. 간소한 의식인 '시빌 세리머니'만 진행하며, 법적 신고를 할 때도 남편(Husband)이나 아내(Wife)가 아닌 '시빌 파트너'라는 용어를 사용한다.

그 외에도 스웨덴에서는 1988년 동거법(Sambolagen)을, 네덜란드는 1998년 동반자 등록법(National Registered Partnership)을 각각 도입하여 결혼하지 않은 커플에게 결혼한 커플과 비슷하거나 동일한 혜택을 부여하고 있다.

이러한 선진국의 추세는 우리나라에도 머지않아 도입될 것이다.

다섯 번째로는 결혼 제도 자체가 존재감을 잃는다. 프랑스의 세계적 석학인 자크 아탈리는 그의 저서인 『21세기 사전』에서 2030

년이 되면 일부일처 결혼 제도는 사라지고 90% 이상이 동거 형태로 살 것이라고 예언했다. 또 미국의 인류학자인 헬렌 피셔는 "과거 1만 년 기간보다 최근 100년간 결혼 관습이 더 많이 바뀌었다"라며 앞으로의 결혼 제도에 대해 극적인 변화가 일어날 것으로 내다봤다.

이와 같이 결혼이라는 제도와 관습은 앞으로 1) 동성 혹은 이성이 쉽게 합치고 또 간단하게 헤어질 수 있게 될 것이다. 2) 같이 사는 동안 구속, 간섭을 최소화하고 서로의 독립성을 최대한 보장하는 형태로 개념이 바뀔 것이다. 현재의 20대나 30대가 결혼을 해서 살아가다 보면 이와 같은 변화를 몸소 경험하게 될 것이다. 마치 지금의 엄마세대들이 결혼할 당시에는 '시집살이'에 대한 두려움을 잔뜩 안고 시작했으나 사회 분위기의 변화와 함께 지금은 시가의 영향권에서 거의 벗어나 있는 것과 같다. 따라서 구속이 두려워서 결혼을 포기하는 우를 범해서는 안 된다.

바. 결혼 생활은 '갈등의 연속'인데 뭐 하러 결혼하나?

우리가 사는 사회는 따돌림, 갑질, 성추행, 폭언·폭행, 모욕 등 매일같이 각종 사건 사고가 발생한다. 따라서 학교에 다닐 때나 직장, 군대는 물론 친구들 사이에서도 늘 갈등과 긴장 속에 살아간다. 대부분의 사람들은 이런 문제들 속에서도 생을 포기하지 않고 꿋꿋하게 잘 헤쳐 나간다.

결혼 생활도 마찬가지이다. 부부간에는 성격 차, 외도, 경제적 문제, 폭언·폭행, 고부·장서 갈등 등과 같은 문제가 끊임없이 발생한다. 부부 서로가 서로에게 갈등과 문제를 만들어 상대의 마음을 아프게 한다. 그런 일이 있으면 한동안 소원해지기도 하지만 일정 기간이 지나면 봉합하고 평상심을 찾는다.

문제와 갈등이 있다고 해서 꼭 비관할 필요도 없다. 문제를 만들고 나면 미안한 마음에 상대를 대할 때 좀 더 배려하기도 하고, 또 부부 사이에 힘의 균형이 재편되는 계기가 되기도 한다. 30년, 50년간 결혼 생활을 하다 보면 젊을 때 우위에 있던 남편의 지위가 나이가 들면서 아내에게 돌아가는 역전 현상이 발생하는 경우가 많다. 여러 가지 이유가 있겠지만 남성들이 젊을 때 아내에게 이런저런 '전과'를 쌓다 보니 나이가 들면서 여성들에게 보복의 빌미를 제공하는 경우가 대부분이다. 웬만한 문제는 참고 지내다 보면 일정 기간이 지난 후에는 약이 되어 돌아오지만 이런 현상도 머지않아 유물이 되고 말 것이다.

한편 엄마시대에 저질렀던 남편들의 악행들은 기본적으로 남녀 간의 '기울어진 운동장'에 기인하는 바가 크다. 남존여비의 사회적 분위기와 가부장적 사고, 남성 중심의 외벌이식 경제활동 등과 같은 시대 상황하에서 남성들이 아내를 얕잡아 보고 겁없이 저질렀던 것이다. 하지만 여성의 지위가 높아지면 남성들은 상대적으로 위축될 수밖에 없다. 과거와 같이 막무가내로 아내를 대할 수 없게 된다.

결혼을 하면 남자가 손해다, 여자가 손해다, 라고들 하지만 평생을 살아 놓고 보면 결국 무승부가 된다. 남편이 잘나갈 때도 있고 아내의 목소리가 커질 때도 있다. 결국에는 특별히 이익을 본 측도 특별히 손해를 본 측도 없이 쌍방 모두 수혜자가 된다.

여기서 한 걸음 더 들어간다면, 앞으로는 결혼을 한다고 해서 반드시 평생을 같이 살라는 법도 없다. 살다가 아니다 싶으면 헤어지면 된다. 헤어지고 돌싱('돌아온 싱글'의 줄임말)으로 살기 힘들면 재혼, 삼혼을 해도 된다. 또 결혼이라고 하여 반드시 법적 결혼을 택할 필요도 없다. 동거를 하다가 법적 결혼으로 발전해 가도 되고, 동거 상태를 계속 유지해도 된다. 선택의 폭이 훨씬 넓어진다.

2.
비혼 선구자들의 인생, 얼마나 화려할까?

현재의 2030세대들은 부모들의 결혼 생활을 보면서 결혼에 대해 회의적인 생각을 갖는 경우가 많다. 하지만 세대별로 시대 상황이 다르듯이 결혼 생활도 천양지차이다. 방 하나에 부모와 자녀 네댓 명이 같이 생활하던 세대와 스마트폰세대의 결혼관이 어찌 같을 수 있겠는가? 부모는 부모가 살아온 시대에 맞게 살았고, 2030세대들은 자신들의 시대에 맞게 결혼 생활을 하면 되는 것이다.

당연히 자녀들의 눈에는 부모들의 결혼 생활이 만족스럽지 않게 보일 수 있다. 특히 우리나라의 현재 50대 중반 이상은 급격한 사회 변화를 겪으면서 결혼 생활에도 우여곡절이 많았다. 불가피하게 과도기적 현상이 많이 발생하여 부부간에 갈등 요인으로 작용하기도 했다.

결혼이 선택이 아닌 필수였던 시대를 살아온 부모세대! 결혼 생활에 대해 불만은 있을지 몰라도 결혼 자체를 후회하는 기혼자들은 많지 않다. 반면에 자발적이든 비자발적이든 현재 비혼의 신분을 유지하고 있는 40대 이상의 사람들은 대다수가 기혼자들을 선망의 눈으로 바라본다.

1) 앞선 세대의 독신자들, 기혼자보다 행복할까?

가. 58세의 승무원 출신 L 씨

"여보세요… 여보세요…? 말씀하세요!"
"거기… 60대 남성 중에도 괜찮은 분 있나요?"

고막을 찢을 듯한 천둥소리와 함께 폭풍우가 사납게 몰아치는 8월의 어느 금요일, 한 주를 마무리하고 퇴근 준비를 하고 있는데 전화가 걸려왔다. '여보세요', '여보세요'를 반복해도 아무런 반응이 없다. 한참 만에 나지막하게 응답한 고객은 중년 여성이었다. 전화를 하기까지 큰 용기가 필요했던 듯했다. 두렵고 적적한 마음에 상담 전화를 하게 됐다고 했다.

"그럼요, 60대 남성도 많이 등록돼 있죠. 실례지만 고객님은 연령이 어떻게 되세요?"
"저는 58세인데 미혼이에요."
"그러시군요! 설마 미혼만 찾으시는 것은 아니겠죠?"
"당연합니다. 저도 그 정도는 알고 있습니다. 그동안 결혼정보회사 등록도 여러 번 했었거든요."

상담을 진행해 보니 이 여성은 서울의 명문 여대 영문과를 졸업한 L 씨였다. 대학 졸업과 함께 국내 대표 항공사에 승무원으로 취업할 정도로 외모도 뛰어났다. 165cm의 이 연령대로서는 늘씬한 키에 몸매도 매력적이었다. 얼굴은 귀엽고 갸름한 미인형. 당연히 직장생활을 하면서 선도 보고 소개도 많이 받았다. 그러나 인기가 있다 보니 자연히 눈도 높아서 웬만한 신랑감은 성에 차지 않았다. 이렇게 1년, 2년이 지나가서 당시로서는 노처녀인 30세까지 인연을 찾지 못했다.

1990년대 초만 해도 여성이 30세가 지나면 직장에서 은근히 퇴사 압력이 들어왔다. 집에서는 처녀 귀신 되기 전에 빨리 결혼하라고 야단이었다. 이래저래 스트레스가 쌓여 갔다. 거기에 친구들로부터는 첫째 아이, 둘째 아이 출산 소식이 줄을 이었다. 자격지심으로 가득 찼던 노처녀에게는 마치 약을 올리려는 듯했다. 직장생활도 흥미를 잃어 가던 차에 부모의 결혼 성화도 심해져서 겸사겸사 회사를 그만뒀다.

"그런데 왜 적당한 사람을 못 만나셨나요? 여전히 인기가 있으셨을 텐데…."

"노처녀라는 딱지가 붙다 보니 소개가 들어와도 나이가 아주 많거나 자녀가 딸린 돌싱들이 대부분이었습니다. 실의에 빠지기도 하고 신세타령도 하면서 가끔씩 맞선을 이어 갔지만 입맛에 맞는 남자는 없었지요."

"나이가 든 만큼 현실에 맞춰 배우자 조건을 조정하지 않으시고요!"

"머리로는 그렇지만 현실에서는 그렇게 안 되더라고요. 배우자 조건이 오히려 까다로워졌으니까요. 한창 잘나가던 때의 인기를 잊지 못하고, 나이가 들면서 주변에서 주워들은 것은 많아지니… 결혼은 점점 더 힘들어졌죠."

"요즘은 어떠세요?"

"이제는 저도 좀 더 가벼운 마음으로 노크합니다. 제가 찾는 남자는 60대 초중반이니 상대에게 자녀가 있더라도 결혼을 했거나 독립했을 나이여서 마음의 부담이 덜하거든요."

"네, 그렇군요. 지금은 배우자 조건으로 어떤 사항을 중요하게 고려하세요?"

"제 처지에 별다른 조건이 뭐 있겠어요! 나이 차는 적을수록 좋지만 위로 5살까지는 수용하고, 키는 저하고 맞으려면 최소 173cm 이상은 돼야겠죠. 재산은 시내 40평대 아파트는 기본이고, 어느 정도의 금융 자산이나 상가 같은 부동산이 있으면 좋겠죠. 부부로서 원만한 생활이 되려면 대화가 통할 정도의 지적 수준과 다정다감한 성향은 기본이고요. 거기에 한두 가지 추가하자면 동거 대상 자녀가 없는 사별남에 종교가 같으면 금상첨화겠죠. 이렇게 열거하니 대단한 것 같아도 최소 이 정도는 갖추어야 되지 않겠어요."

"예…. (아직도 마음을 비울 수는 없나 봅니다!)"

L 씨는 한동안 부모와 같이 살았으나 눈치가 보여서 지금은 자

그마한 빌라에서 혼자 전세로 살고 있다. 생활을 꾸려 가기 위해 일은 계속 하고 있다. 피부과 병원의 상담사와 백화점 명품 코너의 점원 등으로 근무했으나 최근에는 경쟁력이 떨어져서 그나마도 자리를 비워 줘야 했다. 이제는 여성복 가게를 운영하는 친구를 도와주며 생계를 유지하고 있다.

전에는 학교 동기 모임에도 나갔는데 10여 년 전부터는 참석하지 않는다. 나가 봐야 모두 남편, 자녀, 시가 얘기들뿐이고 생활 수준 차이도 너무 커서 외톨이 신세가 되기 때문이다. 또래의 여성들은 이제 대부분 자녀들이 결혼을 하고, 또 손주를 본다고 야단들이다.

양친 부모는 최근 1년 사이에 모두 별세했다. 위로 오빠 둘과 언니 하나가 있지만 언니를 빼면 연락도 뜸하다. 이제 남은 인생이나마 울타리가 되어 줄 든든한 반려자가 있으면 좋으련만 그게 쉽지 않다.

나. 60세의 학원 강사 출신 N 씨

다음은 광주에 거주하는 60세 여성 N 씨의 이야기이다. 현재는 카드회사 콜센터에서 상담사로 근무하지만 그동안 다양한 직업을 경험했다. 광주에서 대학을 졸업하고 중견 건설업체에서 사무직으로 직장생활을 시작했다. 1980년대 중반이었기 때문에 여자 대졸

자에 대한 직장의 수요가 거의 없었고, 그나마 취업이 돼도 하는 일이나 대우는 고졸과 비슷했다. 남성 중심의 조직에서 호칭도 '정양', '미스 정' 등으로 통했다. 업무도 다양했다. 서류 타이핑은 기본이고 복사, 청소, 커피 심부름, 회계 등 온갖 잡동사니 업무를 다 처리했다. 거기에 담배 심부름 등의 개인적인 부탁도 다 들어줘야 했다. 회식이 있을 때면 상사에게 술 따르는 것은 기본이고 남성들의 음담패설도 재미있는 척 들어줘야 했다. 노래방에 가면 팔자에 없는 도우미 역할도 감수해야 했다.

그나마 6~7년이 지나자 여사원 중에서는 최고 고참이 됐다. 회사에서는 부서를 이리저리 돌렸다. 알아서 나가라는 무언의 압력이었다. N 씨가 나오니 그 자리에는 20대 초의 젊은 아가씨로 대체됐다. 무엇을 할까 고민하다가 기업체는 어차피 연령 초과로 불가능했다. 그러다 학교 다닐 때 경험했던 중·고등학생 개인 교습과 학원 강사로 방향을 잡았다. 평일과 주말도 없고, 주야 구분도 없었다. 늦은 밤까지 일하고 대낮에 일어나서 하루를 시작했다. 매일 똑같은 일과가 반복됐다. 30대와 40대가 이렇게 흘러갔다. 50대가 되자 다니던 학원을 인수하라는 제의가 들어왔다. 학원 원장을 하면 생활이 좀 나아질까 하고 덥석 물었으나 그것도 여의치 않았다. 몇 명 안 되는 강사는 늘 들락날락하고 수강생 관리도 쉽지 않았다. 근근이 7~8년 운영하다가 어렵게 넘기고 지금은 콜센터 상담 업무를 하고 있다고 했다.

"결혼에는 본래 관심이 없었나요, 아니면 기회가 없었나요?"

"결혼에 관심이 왜 없었겠어요…. 아시다시피 우리 세대는 결혼이 필수였잖아요!"

사연을 들어보니 대학 다닐 때는 학비 번다고 4년 내내 입주 가정 교사를 했다. 다른 학생들처럼 미팅하고 디스코텍에 다닌다는 것은 엄두도 못 냈다. 친구들은 대학 3학년, 4학년 때부터 결혼을 염두에 두고 선도 보고 소개팅도 하였으나 N 씨는 그럴 기회도 없이 학교를 마쳤다. 학교를 졸업하면 대부분의 여성들은 결혼을 최우선 순위에 두나, N 씨는 취업을 함으로써 결혼에는 상대적으로 소홀할 수밖에 없었다.

그 후에도 혼자 힘이 부치거나 혹은 생활에 다소의 여유가 생기면 결혼 생각이 나서 결혼정보회사를 노크하기도 했다. 그러나 회비 부담과 자신감 부족 등으로 실행에 옮기지는 못했다. 사진을 받아 보니 비록 나이는 들었어도 동안에 깔끔한 이미지이고, 162cm의 키에 날씬한 몸매를 유지하고 있었다. 차분한 성격에 때 묻지 않은 순수함이 느껴졌다. 적령기 때 적극적으로 결혼을 추진했으면 좋은 배우자를 못 만날 하등의 이유가 없어 보였다.

N 씨와 가끔 상담을 하다 보면 마음이 짠해 오는 것을 느낀다. 본인 의사와 상관없이 60세가 되기까지 미혼으로 혼자 살아온 인

고의 세월이 눈에 선해서이다. 본래 조용한 성격이지만 자신감이 없다 보니 목소리에 활력이 없고 인생에 낙도 없어 보였다. 그러다 보니 자연히 남은 인생에 대해 아무런 희망도 없이 그냥 시간의 흐름과 함께 죽지 못해 연명하는 것처럼 보였다. 그래도 스스로 자신의 삶을 꾸려 가야 하기에 일은 계속하지 않을 수 없는 상황이다.

다. 55세의 무직자 C 씨

세 번째 사례자는 '55세로서 157cm의 아담한 키에 눈이 크고 세련된 이미지, 고졸, 경기도 부천 거주, 현재 무직'의 미혼 여성 C 씨이다.

이 여성은 경제적으로 비교적 부유한 가정 환경에서 자랐다. 2남 1녀 중 둘째로서 오빠와 남동생은 모두 대학을 졸업했으나 C 씨만 여자라고 대학을 보내지 않았다. 대학에 가서 남자 손 타는 것보다는 정숙하게 지내다가 결혼하는 것이 더 낫다는 부모의 뜻을 따른 것이다. 본인도 부모의 그런 뜻을 구태여 거스르고 싶지 않았다. 당시는 그것이 대세였다.

그러나 당연히 해야 할 결혼이 생각대로 되지 않았다. 본인으로서는 외모가 비교적 양호하고 가정 환경도 준수하여 어렵잖게 대졸 남성과 결혼할 수 있을 것으로 생각했으나 뜻대로 되지 않았던 것이다. 오빠 친구 중에서 괜찮은 남성과 교제도 해 보고, 또 대학

간 친구 소개로 미팅을 가지기도 했으나 이런저런 이유로 빗나갔다. 만남 기회도 많지 않은 데다 대부분의 대졸 남성은 만날 때부터 고졸에 대한 선입견을 가지고 있어서 그걸 감수하는 것도 쉽지 않았다. 어렵사리 서로 호감을 느껴도 상대가 군대 간다고 깨지고, 또 취직까지 몇 년을 기다려야 해서 틀어지는 등으로 결혼까지는 가지 못했다.

당시 대졸 여성은 24~25세, 고졸 여성은 18~22세가 결혼 적령기로 통했는데 그 기간도 순식간에 지나가고 24세, 25세 그리고 26세로 접어들면서 결혼은 점점 멀어져 갔다. 이렇다 할 학력이나 직업을 가진 것도 아니고 신붓감으로서 뚜렷한 장점도 없는 상태에서 나이만 자꾸 먹어 갔으니 결혼은 어려울 수밖에 없었다. 당연히 소개도 뜸해지고 맞선 상대의 프로필도 점점 떨어졌다. 의기소침해지고 부모에게는 애물단지로 변해 갔다. 본인에게나 가족들에게도 한심한 존재로 전락했다. 자연히 집안 모임에도 빠지기 일쑤이고, 친구들도 멀리하게 되었다.

결혼 적령기를 넘긴 노처녀는 집에서도 별로 쓸모가 없었다. 시집을 가면 아기를 낳아 주고 남편 내조도 하며 시가에는 며느리로서의 역할도 있지만 집에서는 그저 천덕꾸러기일 뿐이었다. 처지가 처지인지라 밥값이라도 하기 위해 가사를 돌보며 어머니가 운영하는 한복집에 나가서 일도 거들었다. 어머니는 노처녀 딸이 부끄러워서 손님들에게 직원이라고 둘러댈 때가 많았다.

30대와 40대에도 결혼에 대한 미련을 버리지 못하고 기회가 되는 대로 맞선을 봤다. 하지만 하나같이 자녀가 딸린 돌싱이거나 삼촌 같은 아저씨뻘이었고, 가뭄에 콩 나듯 가끔 있는 미혼 남성은 하나같이 수준 미달이라 자존심이 허락하지 않았다. 50대가 되면서는 배수의 진을 치고 적극적으로 나섰다. 비록 결혼을 못 한 상황이지만 미혼이라는 사실을 장점으로 포장하고, 또 남자 손 한 번 안 탄 모태솔로라는 점을 내세우며 총력전을 펼치고 있는 중이다.

하지만 50대는 50대대로 장애물이 많다. 돌싱 남성들의 경우 자기 자녀에 대한 애착이 너무나 강해서 그 사이를 비집고 들어가기가 쉽지 않고, 경제력이 있다고 하여 만나 보면 잘난 척은 혼자 다 하면서 정작 돈 쓰는 데는 인색하기 그지없어서 정나미가 떨어지기도 했다.

나름 주변 사람을 배려할 줄도 알고 감수성도 뛰어나며 부창부수의 기질도 있는 C 씨, 결혼 적령기에 소원을 이뤘다면 배우자와 조화롭게 잘 살 수 있었을 것이다. 세상이 원망스럽기만 하다.

라. 65세에 결혼한 66세의 교사 정년 퇴임자 H 씨

마지막 여성은 작년에 결혼한 66세의 전직 교사 H 씨가 주인공이다. 결론부터 말하자면 작년에 고등학교 교사를 정년 퇴임하기 무섭게 10년 가까이 사귀어 온 사별 남성과 바로 결혼했다. H 씨는 혼자 생활하며 아파트도 소유하는 등 경제력이 양호했으나 상대 남성은 사업을 하다가 망해서 경제력이 전혀 없는 빈털터리이다. 자연히 신접살림은 여성의 집에 꾸렸다. 주변의 친지들이 한 명의 예외도 없이 정식 결혼을 만류했지만 씨도 먹히지 않았다. 그만큼 여성의 결혼 의지는 확고했다.

그러나 결혼한 지 1년이 지난 지금은 주변의 반응이 싹 바뀌었다. 당사자는 물론 형제자매, 친지들 모두 하나같이 옳은 선택이었다고 입을 모은다. 한마디로 신부에게서 생기가 돈다는 것이다. 뿐만 아니라 이 여성은 이기적인 성향이 강해서 결혼 생활을 원만하게 영위할 수 있을까, 라는 걱정이 많았는데 모두가 기우였다. 부부간에 조화롭게 잘 지냄은 물론 주변 사람까지 챙길 줄 아는 성숙한 인격체로 바뀌었으니 많은 사람들에게 사랑의 위대함을 새삼 확인시켜 주고 있다. 주변에서는 한결같이 '그동안 얼마나 외로웠을까!'라고 입을 모은다.

이들 부부는 약 10년 동안 1년에 두 번씩 동남아로 골프 여행을 다니는 등 장기간 연애를 해 왔다. 처음 만날 당시에는 남성의 사업이 번창하여 경제적으로 문제가 없으나 교제 중에 사정이 악화됐다. 서로 마음과 마음으로 통했고 그동안의 정분을 소중히 여겨서 적지 않은 나이에 쉽지 않은 결정을 했다. 여생을 서로 의지하고 협력하며 살아간다면 누가 손해이고 누가 이득이 되겠는가?

현재 50대 후반을 넘긴 여성들에게는 결혼이 필수였다. 빠르게는 10대 후반, 늦어도 25세, 26세가 되면 결혼을 해야 했다. 나이가 더 들면 노처녀로 분류되어 주변으로부터 결혼 성화가 끊이지 않았고, 결혼 시장에서 값(?)도 뚝뚝 떨어졌다.

이런 상황하에서 50대 및 60대를 미혼으로 맞는 여성들의 심정이 어떨까? 공통적인 현상을 추려 보면 다음과 같이 요약된다. 첫 번째로는 아직도 대부분 결혼의 꿈을 버리지 못하고 있다. 두 번째로는 한이 많다. 몸과 마음이 지쳐 있고 인생에 낙이 없다. 다음 세 번째로는 노후 불안감을 심하게 느낀다. 네 번째로는 사람들과의 교류가 별로 없다. 자격지심과 결핍감 등으로 꼭 필요한 사람 외에는 잘 만나지 않는다. 마지막 다섯 번째로는 크고 작은 정신 질환을 앓는 경우가 많다.

2) '결혼은 선택'을 외치던 현재 40대 여성들, 그들의 현주소는?

가. 49세의 유명 의류 회사 출신 P 양

"늦었지만 잠깐 상담할 수 있을까요?"

퇴근 준비를 하고 있는데 한 여성이 사무실로 불쑥 들어왔다. 결혼정보회사에서 소개를 받아 볼까 망설이다가 용기를 내서 찾아왔다고 했다. 직장은 가까운 거리에 있지만 일과 시간에는 짬을 낼 수 없어서 퇴근하고 오다 보니 늦었다고 했다. 늦게 와서 미안하다며 연신 고개를 숙였다. 외견상 드러나는 자태나 잠깐 나눠 본 대화에서 커리어 우먼임을 직감할 수 있었다.

차분히 상담을 해 보니 서울의 최고 명문 여대에서 의류 관련 학과를 졸업한 49세 P 양이었다. 졸업과 동시에 관련 분야에서 국내 최고의 기업에 취업하여 10여 년간 근무해 왔다. 남성중심적 분위기와 치열한 경쟁의식이 부담스러웠지만 30대 중반까지는 나름대로 열심히 일했다. 10년이 지나고 나니 회의가 들기 시작했다. 일단 다니던 회사를 그만두고 나와서 근무하기가 좀 더 편한 중견 업체로 옮겨 다녔다. 지금은 크지 않은 쇼핑몰 회사에 적을 두고 있다고 했다.

"50대에는 미혼 남성이 많지 않죠?"

"50대에도 미혼이 제법 있기는 하지만 30대 같지는 않죠!"

"그렇죠…! 지금 생각하면 후회막급이에요. 대학 졸업하고 결혼부터 신경 쓸걸 하고…."

"안타깝네요! 친구들이 한창 결혼을 할 시기에는 별 관심이 없었나요, 아니면 생각은 있었는데 인연이 안 닿았나요?"

"뭐라 할까…. 제가 대학을 졸업할 때인 1990년대 초중반에는 여성들 사이에 '결혼을 꼭 해야 하나, 혼자 사는 게 더 낫지 않을까'라는 분위기가 있었잖아요. 저도 그런 사회적 패러다임에 편승하여 신세대 여성으로서 앞장서고 싶은 생각이 있었죠. 엄마 같은 인생은 살지 않겠다는 일종의 소명의식이랄까…."

상담을 해 보니 결혼을 제때 하지 않은 데 대한 자책감이 배어나왔다.

"그런데 결혼의 필요성은 언제부터 절실하게 느꼈나요?"

"딱히 결혼을 안 할 생각은 없었는데 부모나 주변에서 결혼 얘기가 나오면 '알아서 할 테니 참견 마라'는 식이었죠. 그러다가 직장생활을 몇 년 해 보니 평생 이렇게 혼자 살 수 있을까, 라는 회의감도 들고, 이미 결혼하여 애 낳고 남편에게 의지하고 사는 친구들을 보니 부럽기도 하더라고요."

"친구들 중에는 결혼 잘한 분들도 많을 것 같아요!"

"그렇죠. 의사나 변호사, 준재벌가 2세, 대기업 근무자 등 잘나가는 남자와 결혼들을 했죠!"

"결혼을 꼭 해야 되겠다는 특별한 계기가 있었나요?"

"많았죠. 결혼을 안 하고 있으니 사람들이 성인(어른)으로 봐 주지 않고 늘 어린애 취급하고, 직장에서 휴가 계획을 짤 때도 기혼자가 우선이고 미혼은 늘 후순위였어요. 거기에 골드 미스(이 시기부터 노처녀 대신 골드미스가 쓰이기 시작함)는 배우자 조건이 까다롭다거나 성격에 문제가 있다는 식으로 색안경을 끼고 봐서 더욱 힘들었어요. 물론 직장생활도 지치고요."

"결혼 상대를 찾기 위해 적극적으로 노력은 했나요?"

"결혼할 나이가 한참 지난 30세를 전후하여 알음알음 소개도 받고 남몰래 결혼정보회사도 이용하면서 결혼을 추진했죠!"

"그런데 왜 잘 안 됐나요?"

"결혼이 필수가 아니고 선택이라고 생각했던 입장에서 결혼관을 180도 바꾸기는 쉽지 않았죠. 결혼을 할 바에는 잘해야 된다는 생각에 배우자 조건을 촘촘하게 설정하다 보니 제가 쳐 놓은 그물을 통과할 남자는 많지 않더라고요. 거기에 나이가 많다 보니 능력 있는 남자는 이미 다른 여자들이 다 채간 상태였죠!"

늦은 시간에 와서 1시간 반 정도 길게 상담을 했으나 마땅한 해결책이 보이지 않았다. 배우자 조건은 아직도 20대 여성보다 더 복잡하고 까다로웠기 때문이다. 1) 수십억의 경제력. 2) 다정다감하고 자기만 아껴 줄 수 있는 아량이 있어야 함. 결벽증이 있거나 빡빡하며 외부로 돌아다니는 성향은 딱 질색. 3) 대화가 통할 정도의 SKY급 대학 출신. 4) 아저씨같이 보이지 않고 젊은 감각을 유지해야 함. 5) 자식이 없어야 함. 6) 나이 차가 5세 이하여야 함. 7) 키가 175cm 이상이어야 함. 8) 형제가 3명 이내여야 하고 식구가 단출해야 함 등.

P 양은 솔로생활이 한계에 봉착한 듯했다. 그러나 그 생활을 벗어나기는 쉽지 않아 보였다. 결혼이 늦어진 만큼 친구보다 훨씬 더 나은 배우자를 만나 정신적 보상을 받고 싶어 하니! 그 마음을 이해 못할 바는 아니나 세상의 이치는 그렇지 않다.

나. 47세의 세계적 외국계 회사 이사 S 양

"손 이사, 승진 진심으로 축하해!"

"고마워요, 선배님! 다 선배님 덕택이죠 뭐. 예전에 많이 가르쳐 주신 은혜 평생 잊지 않고 늘 마음에 간직하고 있습니다."

"그러나 저러나 직장에서 승승장구하면 결혼은 점점 어려워지는 것 아냐? 구태여 할 필요도 없을 것 같고…."

"무슨 말씀이에요, 선배님! 저는 선배님만 믿고 있는데요. 저는 여태까지 한 번도 결혼을 포기한 적이 없고, 또 배우자 조건상에 이렇다 할 변화도 없습니다."

"그런데 나야 일찍 결혼했으니 할 수 없지만 우리 손 이사 정도면 혼자 살아도 별 지장이 없지 않아…?"

"글쎄요. 우리 회사에도 결혼에 관심 없다는 골드 미스들이 많이 있던데 저는 아닙니다. 저는 결혼 찬성론자입니다."

"그래, 알았어. 이제 임원이 되어서 프로필도 더 좋아졌으니 좀 더 적극적으로 알아볼게. 그런데 이건 손 이사한테만 얘기하는 건데… 사실은 그 회사 골드 미스들 중에 상당수는 남모르게 신랑감을 찾고 있단다!"

세계 대표적 기업의 선후배가 저녁 식사를 같이하며 나누는 대화이다. 후배의 이사 승진 기념으로 선배가 마련한 자리이다. 후배는 47세의 손 양. 서울의 명문 K대 경영학과를 졸업한 알파걸이다. 이미 오래전부터 능력을 인정받아 여성 임원이 흔하지 않은 상황에서도 늘 임원 후보로 평가받아 오다가 최근 이사로 승진한 것이다.

그러나 결혼에서는 아직 '미' 자를 떼지 못한 지진아이다. 손 이사의 선배는 부장으로 그 회사를 그만두고 현재 한 유명 결혼정보 업체에서 13년째 커플 매니저로 근무하고 있다. 당연히 후배를 위해 수많은 남성을 소개해 줬지만 늘 인연은 비켜 갔다. 후배 손 양이 마음에 들면 상대가 본인 스타일이 아니라고 하고, 반대로 남성 쪽에서 호감을 보이면 후배가 대화 수준을 이유로 걷어차는 식이었다.

후배를 잘 아는 회사 선배 입장에서는 똑똑하고 적극적이며 긍정적인 성향에 사교성도 있어서 최고의 직장인으로 평가하지만, 이성의 입장에서는 꼭 그렇지만은 않았다.

손 양은 잘나가는 회사의 임원으로서 연봉도 당연히 높다. 거기에 이미 40평대 고급 아파트도 구입해 둔 상태로 여차하면 혼자 살 만도 하지만 아직 결혼을 포기할 기미는 전혀 보이지 않는다. 비록 비혼주의자는 아니었지만 결혼 적령기 때 소극적으로 임하다 보니 결혼이 쉽지 않다.

다. 48세의 내과의사 O 양

48세의 O 양은 잘나가는 내과의사이다. 서울의 대학병원에 근무하다가 5년 전에 개원해서 지금은 원장이다. 연 수입도 2억 원이 넘는다. 고급 아파트도 장만해 놨고 외제차도 굴리지만 결혼은 못 한 상태이다. 결혼을 안 하겠다는 생각은 한 번도 해 본 적이 없건만 그게 마음대로 잘 되지 않는다. 지금은 본인은 물론 부모형제 모두가 배우자감을 찾는 데 총출동한 상태이다.

의대에 다닐 때부터 '여자 의사는 결혼 시기를 놓치면 평생 결혼하기 힘들다'는 말을 많이 들었다. 하지만 그게 본인에게 적용될 줄은 꿈에도 생각지 못했다. 학교에서는 초등학교 때부터 계속 전교 1, 2등을 놓친 적이 없으니 당연한 자신감이었다.

O 양은 다소 내성적이고 자존심도 있다 보니 30대 후반까지는 결혼에 적극적으로 나서지 않았다. 주변에 대놓고 소개를 요청하거나 학회나 동호회 등을 찾아다니며 배우자감을 물색할 성격도 아니었다. 그러나 40세가 가까워지니 위기를 느끼기 시작했다. 배수의 진을 치고 매년 한두 번씩 결혼정보회사에도 등록했다. 그게 10년 가까이 됐다. 하지만 대상자가 의사나 법조계, 고위 공무원 등으로 제한되다 보니 소개 자체가 원활치 않았다.

O 양이 찾는 조건의 남성은 모두 외모라든가 나이, 가정 환경 등을 많이 고려하여 빗나가기 일쑤였다. 특히 O 양은 외모에서 점수를 따지 못했다. 신장이 157cm에 평범한 이미지이다 보니 소위 잘나가는 전문직 남성들에게는 잘 먹히지 않았다. 그렇다고 결혼 경험자나 평범한 직장인을 만나기에는 자존심이 허락하지 않는다.

O 양은 가족들을 안심시킨다고 해외여행도 시켜 드리고 맛있는 음식도 사 드리지만 가족들에게는 위안이 되지 않는다. 부모들은 "이럴 줄 알았으면 학교에서 공부 평범하게 하고 적당한 직장 다니면서 웬만한 남자 만나 결혼이나 했으면 좋았을 텐데"라며 장탄식을 늘어놓는다.

라. 40대의 비혼 여성들, 결혼을 안 한 걸까 못 한 걸까?

최근에는 30대 후반은 물론 40대와 50대 그리고 60대 초반의 미혼 여성들까지 뒤늦게 결혼정보회사를 찾는 사례가 적지 않다. 결혼 적령기 때 적극적으로 임했으나 인연이 닿지 않은 경우도 있고, 또 가부장적인 결혼 풍습 등이 싫다며 비혼주의를 부르짖다가 중간에 마음이 바뀐 경우도 있다. 그러나 더 큰 원인이 있다. 좋은 시기에 여유를 부리다가 아차 하고 정신을 차려 보니 이미 호기는 지나간 경우이다. 결혼 적기를 놓치고 적극적으로 추진해 봤으나 그때는 이미 능력남 대부분이 다른 여자의 차지가 된 뒤였다.

각종 조사 결과를 보면 '결혼 필요성'에 대한 미혼들의 반응은 하향 곡선이 분명하다. 그러나 결혼 필요성을 못 느끼는 것과 '결혼할 의사'가 없는 것은 구분해서 볼 필요가 있다.

최근 한국보건사회연구원이 미혼 남성 1,140명, 미혼 여성 1,324명을 대상으로 '결혼의 필요성'과 '결혼할 의향'에 대해 설문조사를 실시한 결과 두 질문 사이에 상반된 대답이 나왔다.

우선 '결혼의 필요성'에 대해 질문한 결과 미혼 여성은 '해도 좋고 안 해도 좋다(54.9%)', '하지 않는 게 낫다(14.3%)', '모르겠다(2.0%)' 등으로 71.2%가 결혼을 '부정적이거나 소극적'으로 답했다. '반드시 해야 한다(6.0%)'와 '하는 편이 좋다(22.8%)' 등과 같이 결혼에 대해 '긍정적 태도'를 보인 비중은 28.8%에 그쳤다.

이에 반해 미혼 남성은 '반드시 해야 한다(14.1%)'와 '하는 편이 좋다(36.4%)' 등과 같이 '긍정적'으로 답한 비중이 50.5%로 절반을 넘었다. '해도 좋고 안 해도 좋다(39.2%)'와 '하지 않는 게 낫다(6.6%)', '모르겠다(3.7%)' 등으로 답한 비중은 49.5%였다.

'결혼할 의향'을 물어본 결과, 미혼 남성은 58.8%, 미혼 여성은 45.3%가 '긍정적'으로 대답했다. 미혼 남성의 경우 결혼의 필요성(50.5%)과 결혼할 의향(58.8%) 사이에 큰 차이가 없다(8.3%p). 하지만 미혼 여성은 달랐다. 결혼의 필요성을 느끼는 미혼 여성은 28.8%에 불과했지만, '결혼할 의사가 있다'는 대답은 45.3%로서 16.5%p나 높게 나온 것이다.

"많은 여성이 결혼에 대해 부정적 태도를 갖고 있지만, 현실적으로는 부정적 요인들을 감내하면서 결혼을 선택하게 된다"는 것이 연구를 진행한 기관의 설명이다.

결혼 적령기가 지나면 결혼을 하고 싶어도 (적합한 배우자감을 찾지 못하여) 못 한다는 사실을 보여 주는 조사 결과도 나와 있다. 즉 '결혼할 의향'을 묻는 조사에서 여성들의 경우 30대 후반을 지나면서 '결혼할 생각이 있다'는 응답률이 크게 낮아진다는 것이다. 자세한 내용을 보면 30~34세의 미혼 여성은 47.4%가 '결혼할 생각이 있다'라고 답했으나, 35~39세는 31.6%, 40~44세는 23.8%로서 나이가 많아질수록 결혼 의향은 점점 낮아진다는 것을 알 수 있다.

'적령기'라는 일종의 족쇄가 사라지고 '결혼은 필수'라는 고정관념이 깨지면서 결혼에 대한 자율성이 높아지다 보니 뜻하지 않게 결혼이 늦어지고, 결혼이 늦어지다 보니 결혼 가능성이 희박해지며, 결국 의사와는 상관없이 결혼에 소극적이거나 부정적으로 바뀌게 되는 것이다. 그러나 다음의 자료에서 볼 수 있듯이 그렇다고 결혼을 완전히 포기하는 것은 아니다. 미혼들은 젊을 때는 결혼에 소극적이다가도 나이가 들면서 결혼의 '필요성'을 강하게 느끼는 것으로 보인다.

결혼정보회사 비에나래가 재혼 전문 결혼정보업체 온리-유와 공동으로 전국의 37세 이상 미혼 남녀 426명(남녀 각 213명)을 대상으로 이메일과 인터넷을 통해 '지금까지 결혼을 하지 않은 상태인데 평생 독신으로 사는 것에 대해 어떻게 생각합니까?'에 대해 설문조사를 실시한 결과이다. 이 질문에 대해 미혼 남성은 10명 중 9명, 여성은 10명 중 7.5명 정도가 (독신으로 사는 것에) '부정적 의견'을 보였다. 즉 남성은 응답자의 92.0%, 여성은 75.1%가 '별로 생각해 본 적이 없다(남 9.4%, 여 15.0%)'와 '전혀 생각해 본 적이 없다(남 82.6%, 여 60.1%)'와 같이 '평생 독신으로 살 생각이 없다'라고 답했고, '매우 동의한다(남 3.8%, 여 4.7%)'거나 '나쁘지 않다(남 4.2%, 여 20.2%)' 등과 같이 '긍정적인 반응'을 보인 비중은 남성 8.0%, 여성 24.9%에 그쳤다.

위의 두 조사 결과를 종합해 보면 '나이가 들면서 결혼 가능성은 현실적으로 낮아지지만 독신으로 살고 싶은 생각은 없다'는 것으로 귀결된다.

나이가 많아지면서 미혼 여성 가구주가 줄어든다는 통계도 있다. 여성가족부와 통계청이 발표한 자료에 의하면 2018년 20대 미혼 여성 가구주는 39.7%이나, 30대는 28.6%, 40대 16.6%, 50대는 7.8% 등으로 연령이 높아질수록 낮아진다. 이를 뒷받침해 주는 자료도 있다. 50세가 넘어서 결혼하는 인원을 보면 2002년에는 2,101명이었으나 2018년에는 3,410명으로 62.3% 증가했다.

나이가 비교적 어릴 때는 미혼 가구주로 있다가 나이가 들면서 많은 여성들이 결혼을 통해 미혼 가구주를 벗어난다는 사실을 보여 준다. 늦은 나이에 결혼을 하게 되면 적기에 비해 각종 불이익을 당하는 경우가 많다.

여기에서 몇 가지 짚고 넘어갈 사항이 있다. 위에서 언급한 한국보건사회연구원의 결혼 관련 조사에 대해 다음 세 가지를 지적하고 싶다.

그 첫 번째는 설문조사를 실시할 때 선택지 설계상의 문제이다. '결혼의 필요성'에 대한 조사에 '반드시 해야 한다', '하는 편이 좋다', '해도 좋고 안 해도 좋다', '하지 않는 게 낫다', '모르겠다' 등과 같이 선택지가 구성돼 있다. 여기에서 문제는 긍정적인 대답과 부정적인 대답에 균형을 맞출 필요가 있다는 것이다. 즉 긍정적인 대답으로 '반드시 해야 한다', '하는 편이 좋다' 등을 고르도록 했다면, 부정적인 대답에도 '절대 할 필요 없다', '하지 않는 게 낫다' 등과 같이 구성하는 게 공평하다.

결과적으로 선택지를 '반드시 해야 한다', '하는 편이 좋다', '해도 좋고 안 해도 좋다', '하지 않는 게 낫다', '절대 할 필요 없다' 등과 같이 구성하거나 혹은 '해도 좋고 안 해도 좋다'를 빼고, '반드시 해야 한다', '하는 편이 좋다', '하지 않는 게 낫다', '절대 할 필요 없다' 등과 같이 네 가지로 단순화할 수도 있겠다. '결혼의 필요성'이라는 의견을 묻는데 '잘 모르겠다'라는 대답은 불필요해 보인다.

두 번째로, 설문 결과에 대한 해석상의 문제이다. '해도 좋고 안 해도 좋다'와 '모르겠다'를 반드시 '결혼에 부정적'인 의견으로 해석하는 데는 무리가 있다. 이렇게 대답한 설문 참여자의 속내를 유추해 본다면 '결혼을 구태여 안 할 필요는 없는데 현실적으로 (결혼이) 질질지 모르겠다'에 더 가깝지 않을까.

이런 해석상의 차이로 말미암아 조사 결과 발표 시 혼선이 빚어질 수 있다. '해도 좋고 안 해도 좋다(남 39.2%, 여 54.9%)'와 '모르겠다(남 3.7%, 여 2.0%)'를 어떻게 해석하느냐에 따라 조사 결과를 다음과 같이 세 가지로 분류할 수 있다. 1) '긍정적(남 50.5%, 여 28.8%)', '유보적(남 42.9%, 여 56.9%)', '부정적(남 6.6%, 여 14.3%)'. 2) '긍정적(남 50.5%, 여 28.8%)', '유보적 및 부정적(남 49.5%, 여 71.2%)'. 3) '긍정적 및 유보적(남 93.4%, 여 85.7%)', '부정적(남 6.6%, 여 14.3%)' 등이다.

마지막 세 번째는 언론 보도상의 문제다. 위 설문 결과를 보도할 때 대부분의 언론 매체들은 '미혼녀 71.2%, 결혼에 부정적'이라고 제목을 뽑는다. 이 기사를 보는 사람들은 은연중에 '결혼을 안 하는 게 대세이구나. 결혼에 목맬 필요 없겠네' 등으로 생각하게 된다. 결과적으로 결혼에 소극적이거나 부정적인 분위기로 유도하게 된다.

우리나라는 현재 혼인이 줄어들고 출산율이 낮아져 심각한 사회 문제가 야기되고 있다. 이런 점을 감안하여 언론 매체들이 기사를 다룰 때 인기에 치중하기보다는 1) 조사 결과를 있는 그대로 자세히 알린다. 즉 '결혼 필요성에 대한 미혼 여성들의 반응 '긍정적' 28.8%, '유보적' 56.9%, '부정적' 14.3%, '결혼에 부정적인 의견은 10명에 1명꼴' 등으로 처리하는 것이 바람직하다. 2) 공익적 자세가 필요하다. 이 조사에는 '결혼의 필요성'과 '결혼할 의향'을 따로 분리하여 묻고 있다. 미혼 여성의 경우 '결혼의 필요성'에 대해서는 28.8%, '결혼할 의향'에 대해서는 45.3%가 긍정적인 반응을 보였다. 이런 조사 결과를 기사화할 때 구태여 결혼의 필요성에 초점을 맞추기보다 결혼할 의향을 부각시켜 '미혼녀 45.3%, 결혼에 긍정적'과 같이 보도하는 것이 바람직하다.

언론의 보도 자세와 관련하여 한 가지 덧붙이자면, 최근 각종 언론 매체에는 20대와 30대 비혼주의자들의 주장과 생활상 등이 자주 보도된다. 이런 내용의 보도와 균형을 맞추어 실제 40~60대를 비혼으로 살아가는 사람들의 소회와 생활상도 심층적으로 다뤄 줄 필요가 있다.

3) 앞선 세대의 기혼자들, 결혼한 것을 후회할까?

가. 60세의 전직 교수 L 씨

몇 년 전까지만 해도 지방대학교 교수로 재직했던 62세 여성 L 씨. 지금은 퇴직하고 소일 삼아 소설 번역을 하면서 남편과 여유롭게 지내고 있다. 거주지가 서울이다 보니 그동안 약 30년을 주말부부로 지냈다. 남편은 서울 모 대학의 경영학과 교수였으나 작년에 정년 퇴임하고 현재는 중견업체의 자문 역할을 맡고 있다. 미국 명문대에서 석·박사 학위를 받은 아들 역시 서울의 모 대학에서 교수로 재직하고 있다.

이들 부부의 현재 모습을 보면 무엇 하나 부족한 것이 없다. 35년의 결혼 생활 또한 현재와 크게 다를 바 없어 보인다. 같은 교수로서 방학이라는 여유 시간도 있고 직장도 안정적이다. 아들도 잘 자랐다. 하지만 내막을 살펴보면 꼭 그렇지만은 않다. 부부간의 성격이 정반대이기 때문이다. 아내는 요즘 보기 드물게 내성적이고 비사교적인 성향이라 학교 일만 끝나면 곧바로 집에 들어오는 스타일이다. 그러나 남편은 퇴근 후가 더 바빠서 저잣거리를 헤매다가 밤이 이슥해서야 귀가하는 유형이다.

당연히 결혼 초기에는 서로 스트레스를 많이 주고받았다. 남편은 거의 하루도 빼놓지 않고 술에 만취하여 밤늦게야 집에 들어왔다. 평소 떨어져 지내면서도 아내는 저녁만 되면 남편 챙기기에 바빴다. 집에 빨리 들어가라고 말이다. 그러나 남편은 마이동풍이다. 입으로는 "알았어", "금방 갈 거야", "지금 들어가고 있는 중이야" 등으로 둘러대지만 자정이 되기 전에 귀가하는 날은 거의 없었다. 남편은 남편대로 잔소리에 짜증나고, 아내는 아내대로 아무 생각 없이 사는 남편이 한심하게 느껴졌다.

주말이나 방학 때 아내가 집에 와 있어도 같이 시간을 보내는 일은 거의 없었다. 아내는 늘 혼자 책을 보고, 남편은 무언가 건수를 만들어 나가서는 곤드레만드레 술에 취해 들어오기 일쑤였다. 정상적인 부부로서의 기능은 어디서도 찾아볼 수 없었다.

하지만 이런 남편도 '하늘의 뜻을 안다'는 지천명의 나이인 50대가 되자 철이 들기 시작했다. 학교에서도 주요 직책을 맡고 아들도 미국 유학을 가면서 가장으로서, 또 남편으로서 중심을 잡기 시작했다. 술 대신 학교 일에 매진했고 아내가 월요일에 지방으로 내려갈 때면 빠짐없이 자동차로 기차역까지 데려다 주었으며, 금요일에 지방에서 올라올 때는 역에서 기다렸다가 근사한 레스토랑으로 직행했다. 처가에도 게을리하지 않았다. 맏딸인 아내를 대신하여 혼자 계시는 장모의 건강에 이상이 생기자 요양원을 앞장서 주선해 드렸다. 당연히 비용도 부담했다. 이내로시는 남편이 고맙고 든든하기만 하다.

L 씨는 60세가 되면서 학교 나가는 일을 그만뒀다. 어느 날 남편에게 지나가는 말로 "나이가 드니 약해지나 봐! 평일 지방에 가서 혼자 있으면 예전과 달리 쓸쓸하고 외롭거든…"라고 했더니, 남편은 기다렸다는 듯이 "그래? 그동안 오래 고생했으니 이제 그만 쉬도록 해"라고 격려해 줬다. 학교를 그만둘 생각은 전혀 없었는데 남편의 이 한마디에 용기를 얻어 그냥 쉬기로 결심했다. 남편도 시간적인 여유가 있는 상태이다. 부부는 틈틈이 주변 공원을 산책하고, 서울 근처와 지방의 유명한 산을 찾아다니며 사시사철 끊임없이 변하는 정취를 즐기고 있다. 1년에 한두 번은 해외여행도 같이 나간다. 황혼을 맞아 신혼 기분에 흠뻑 빠져 있다.

나. 손주 셋 둔 63세의 Y 씨

경남 창녕에 거주하는 63세 Y 씨(여성)의 카톡에는 손주들 사진으로 가득 차 있다. 손주들과 같이 찍은 활짝 웃는 표정에서 이 여성의 행복을 읽을 수 있다. 슬하에 두 아들이 있는데 작은아들이 먼저 10여 년 전에 결혼을 했다. 거기서 태어난 아들딸 각 1명 중 큰애는 벌써 초등학생이다. 작년 연말에는 걱정을 끼치던 큰아들도 결혼을 했다. 늦은 결혼을 만회라도 하려는 듯 속도위반으로 결혼 6개월 만에 아들을 출산하여 주변에 웃음을 선사하고 있다.

지금은 이렇게 여유 있게 살고 있는 Y 씨이지만 40년 가까운 결혼 생활이 늘 평탄치만은 않았다. Y 씨는 비록 고졸이지만 대구 능금 미인으로서 한국의 나탈리 우드로 불릴 정도로 외모가 수려했다. 생활 자세도 근면 성실하고 야무져서 최고의 규수였다. 그러나 결혼은 너무나 쉽게 결정됐다. 주변 친지가 소개한 부산 출신의 한 남성을 만나 보고는 '시원시원하고 남자답다'며 더 이상의 소개를 중단했다. 상대는 전문대 출신으로 통신공사(현재는 민영화됨)에 근무하는 직장인이다. 주변에서는 다른 남자도 충분히 만나 보고 결정하라고 했지만 이 여성의 마음에는 이미 이 남성으로 가득 차 있었다. 그 후에는 지리적 한계도 있고 하여 몇 번 만나 보지도 않고 결혼까지 일사천리로 진행됐다.

결혼을 덥석 하고 보니 후회막심이었다. 남편은 부모도 포기한 그야말로 내놓은 자식이었다. 쥐꼬리만 한 월급에 술과 친구를 좋아하다 보니 모아 놓은 돈도 없고 생활도 일정치 않았다. 경제관념도 없고 미래도 없어 보였다. 워낙 말을 풍성하게 하고 넉살이 좋다 보니 술친구가 사방에 널려 있었다.

야무지고 알뜰한 Y 씨는 자신이라도 중심을 잡아야겠다고 생각하고 군기 잡기에 나섰다. 남편의 급여를 본인이 직접 챙겨서 최대한 아껴 쓰고 나머지는 모두 적금을 들었다. 당연히 남편의 생활비도 쥐어짰다. 아내 본인도 할 수 있는 일은 가리지 않고 뭐든지 다 했다. 이렇게 신혼 2년을 보내자 조그마한 가게를 열 정도의 목돈이 마련됐다. 그 돈으로 비디오테이프 가게를 열었다.

가게에서 나오는 돈으로 살림을 꾸려 가고 남편의 월급은 전액 저축했다. 아들 둘을 키우면서 야무지게 살림을 일군 결과 30대 후반이 되자 꿈에도 그리던 아파트를 마련할 수 있었다. 단연 이 여성의 공로이다.

지성이면 감천이라고 남편의 부모형제들로부터 Y 씨에 대한 찬사가 쏟아졌다. 골칫덩이가 드디어 인간이 되고 생활도 안정돼 간다고! 이 남편도 아내의 노고를 인정하는 듯 어느 날 처남을 만나자 "아이고 처남! 동생이 얼마나 알뜰한지 신혼 때 쥐꼬리만 한 월급을 아끼고 또 아껴서 2년 만에 150만 원을 모으더라고…"라며 팔불출의 모습을 보였다. 이 당시의 150만 원은 아파트 4~5평 값이었다.

Y 씨는 자신의 살림에 열성이었을 뿐 아니라 시댁에도 헌신적이었다. 명절이나 제사, 대소사가 있으면 누구보다 적극적으로 참여했고, 시부모의 묘소에 성묘를 가면 정작 친아들딸들은 햇빛을 피해 나무 밑에 들어가서 쉬고 있는데 며느리인 Y 씨 혼자만 땀을 뻘뻘 흘리며 풀을 뽑기 일쑤이다.

이런 희생적인 생활 태도에도 굴곡이 없었던 것은 아니다. 남편은 좋아하는 술을 끊기가 쉽지 않았고, 가끔 여자 문제로 속을 썩이기도 했다. 또 50대 초가 되자 다니던 회사에서 명예퇴직을 하고 나와서는 사업을 벌였다가 적지 않은 손실을 초래하기도 했다. 60대로 접어들자 부산 생활을 청산하고 지방 창녕으로 이사를 했다. 생활 환경이 바뀌면서 적응하는 데 시간도 걸리고 불편하기도 했다.

하지만 지금은 감나무와 채소 등을 가꾸면서 욕심 내려놓고 자급자족하며 유유자적 잘 지내고 있다. 가끔씩 손자, 손녀의 재롱도 보고 근처에 있는 부곡 온천에서 심신의 피로를 풀기도 한다. 저녁때면 이웃 사람들과 막걸리잔도 기울인다. 경조사나 모임이 있으면 비록 할미꽃이 되긴 했지만 선글라스에 창이 넓은 둥근 모자를 눌러 쓰고 한창때의 나탈리 우드 모습을 뽐내며 부산, 대구 등지로 나들이를 간다.

다. 59세의 네 번째 결혼 추진자 H 씨

59세의 H 씨는 결혼에 세 번 실패하고 네 번째 결혼을 추진 중이다. 서울의 명문 대학을 졸업한 재색 겸비 여성이다. 학교를 졸업하고 지금까지 계속 번역과 통역 그리고 관광 가이드 일을 해 오고 있다. 평소 여성스럽고 온유한 성품에 대인관계도 원만하나 결혼에는 운이 따르지 않았다.

첫 번째 남편은 대학 시절 연애로 만난 남성이었다. 부유한 집안에서 자란 '까칠한 도시 남자(까도남)'의 전형이었다. 결혼 당시 남편은 영국에서 박사 과정을 밟고 있는 학생 신분이었다. 결혼 생활도 별로 못 한 채 남편은 영국으로 떠나고 본인은 임신한 아기를 핑계로 국내에 머물기로 했다. 그러나 그 결정은 일생일대의 실수였다. 남편은 영국에 간 지 얼마 되지 않아 거기서 만난 여성과 동거에 들어갔다. 아기도 있고 하여 돌아오기를 기다렸지만 꼬인 실타래를 풀기는 쉽지 않았다. 그렇게 결혼 생활도 제대로 못한 채 아들 하나만을 떠안은 이혼녀가 되었다.

두 번째 결혼은 이혼으로 마음이 황망하던 차에 사업가라며 접근한 남성의 덫에 빠져서 동거에 들어갔다. 알고 보니 빚만 잔뜩 지고 있는 빈털터리 사기꾼이었다. 전 배우자로부터 받은 얼마 되지 않은 위자료까지 몽땅 털렸다. 혼인 신고는 하지 않아 사실혼이다.

마지막 세 번째 결혼 상대는 한의사였다. 15년 가까이 안정되게 잘 살았으나 상대 자녀와의 갈등 때문에 결혼 생활을 계속하지 못하고 다시 헤어졌다. 남편도 이미 두 번의 결혼 경험이 있었는데 그 두 명의 배우자로부터 4명의 자녀가 있었다. 이 아이들과 남편 사이에서 엄마 아닌 엄마 역할을 수행하는 데는 적지 않은 고통과 인내심이 필요했다. 참아 오던 분노가 폭발하여 결국 헤어졌다.

이 여성은 마지막 배우자와 헤어질 때 재산을 넉넉하게 받아서 고급 주택도 있고 외제차도 굴린다. 본인도 아직 일을 계속 하고 있기 때문에 노후 생활에는 전혀 문제가 없다. 그러나 또다시 네 번째 결혼을 추진하고 있다. 남은 생을 혼자 살기에는 너무 길다며….

결혼은 해도 후회, 안 해도 후회다. 결혼을 한다고 반드시 행복하거나 반드시 불행하지도 않고, 반대로 결혼을 안 한다고 해서 반드시 불행하거나 행복하지만도 않다. 인생은 길고 굴곡도 많다. 50~60년간 지속되는 결혼 생활은 다사다난할 수밖에 없다. 마라톤 코스같이 평탄한 길이 있으면 울퉁불퉁한 구간도 있고 오르막과 내리막도 교차된다. 가끔씩은 내리쬐는 햇빛이 숨을 헐떡이게 하기도 하지만 또 어떤 때는 따스한 햇볕으로 추위를 누그러뜨리기도 한다.

혼자 독신으로 사는 것과 부부로 사는 데는 이런저런 장단점이 있을 것이다. 분명한 것은 혼자 살든 짝으로 살든 시련과 고통이 있게 마련이다. 물론 그 형태와 빈도, 강도에는 차이가 있을지도 모른다. 인생사에서 만나는 크고 작은 문제를 해결해 나가는 데도 혼자 살 때와 커플로 살 때 그 무게와 해법이 다를 것이다.

그런데 재미난 사실이 있다. 결혼한 기혼자들 중에는 결혼을 후회하는 사람은 있을지 몰라도 결혼 안 한 사람을 부러워하지는 않는다. 결혼을 실패한 경험이 있는 돌싱들을 대상으로 조사한 결과 남성은 10명 중 8명, 여성은 4명 중 3명 이상이 '(결혼에 실패하기는 했어도) 또래의 결혼 안 한 비혼자를 부러워하지는 않는다'라고 답한 데서 이런 사실을 확인할 수 있다.

재혼 전문 온리-유가 결혼정보회사 비에나래와 공동으로 돌싱 남녀 516명(남녀 각 258명)을 대상으로 이메일과 인터넷을 통해 '결혼했다가 실패한 상황에서 주변의 또래 비혼자들과 자신을 비교해 보면 비혼자들이 부럽습니까?'라는 설문조사를 실시한 결과, 남성은 응답자의 80.6%, 여성은 74.8%가 '부럽지 않다'로 답해 단연 높은 비중을 차지했다. '(결혼을 안 한 주변 또래들이) 부럽다'라고 답한 비중은 남녀 각 19.4%와 25.2%에 불과했다.

3.
우리나라의 후진적 결혼 관행, 앞으로도 지속될까?

'칠거지악', '석삼년 시집살이', '삼종지도', '출가외인', '딸 둔 죄인', '사위는 백년손님', '남자는 하늘, 여자는 땅', '암탉이 울면 집안 망한다' 등 엄마 세대들이 자랄 때 많이 듣던 표현들이다. 그러나 지금의 2030세대들에게는 생소할 따름이다. 그 의미에 대해서 궁금하게 생각하지도 않는다. 옛날 고릿적 얘기이기 때문이다.

우리나라는 경제적으로 한강의 기적을 이루었다. 다른 나라들이 수백 년에 걸쳐 이룩한 경제 성장을 50여 년 만에 성취했기 때문이다. 경제 성장에 발맞춰 사회문화적 분위기도 급변해 왔다. 결혼 관행도 마찬가지이다. 많은 변화가 있었고 지금도 보이게 보이지 않게 바뀌어 가고 있다.

하지만 만족스러운 단계까지는 갈 길이 멀다. 변화의 과정에 있다 보니 2030세대의 눈에는 불만투성이요 까마득해 보일지도 모른다. 그러나 우리가 부러운 눈으로 바라보는 선진 복지 국가들도 이런 과정을 거쳐서 현재의 모습으로 자리매김했다.

우리나라가 경제적으로 유례없는 성장을 이루었듯이 결혼 관행도 세계 어디서도 찾아볼 수 없을 정도로 빠르게 바뀌어 갈 것이다. 단지 변화의 대상이 관행과 관습, 문화, 의식 등이기 때문에 그 성격상 시간을 필요로 할 뿐이다. 10년 후, 20년 후가 되면 우리나라도 서구의 선진 복지 국가들 수준으로 결혼 문화가 정착돼 있을 것이다.

1) 엄마세대는 왜 결혼 생활이 힘들었을까?

현재 결혼 대상자인 20대 중후반에서 30대 초중반의 자녀를 둔 부모, 그중 특히 엄마는 50대와 60대 초중반에 많이 분포돼 있다. 대부분 1950년대 후반에서 1960년대에 태어나서, 1970년대와 1980년대에 걸쳐 학교를 다녔다. 결혼은 보통 20대 초중반에 했으니 역시 1970년대 후반과 1980년대였다. 엄마세대들이 교육받을 때는 산업화가 상당히 진전되고 민주화, 국제화로 넘어가던 시기였다. 이때는 '아들딸 구별 말고 둘만 낳아 잘 기르자(1970년대)', '잘 키운 딸 하나 열 아들 부럽지 않다(1980년대)' 등과 같은 정책에서 알 수 있듯이 여성의 지위가 점점 올라가고 있었다. 그렇게 자란 엄마세대들의 결혼 생활이 자녀들 눈에는 왜 힘들어 보일까? 여기에 답하기 위해서는 우리나라 결혼 관습의 변천 과정을 살펴볼 필요가 있다.

우선 1960년대 이전의 전근대적 결혼 관행을 살펴본다. 한마디로 남존여비의 사회 분위기하에서 남편이 가부장적 지위를 누렸다. 이해를 돕기 위해 당시의 결혼 풍습 몇 가지를 소개하겠다.

첫 번째로 '석삼년 시집살이'라는 풍습이 있었다. 여자는 결혼을 하면 '눈 감고 3년, 입 막고 3년, 귀 막고 3년' 식으로 시집살이를 해야 했다.

두 번째로 '칠거지악'으로서 아내가 다음의 일곱 가지 악행 중 어느 하나를 범하면 내쫓아야 했다. 그 일곱 가지는 불순(不順: 시부모에 순종치 않는 것으로 불효에 해당), 무자(無子: 출산을 못하는 것으로 가계를 잇지 못하게 함), 음행(淫行: 외도를 뜻하며 혈통의 순수성을 해침), 질투(嫉妬: 축첩제 유지에 방해가 됨), 악질(惡疾: 고질병에 걸림), 구설(口舌: 가족 불화 및 이간을 초래함), 절도(竊盜) 등이다.

세 번째로 '삼종지도'라고 하여 여자가 따를 세 가지 도리이다. 결혼 전에는 어버이에게 순종하고, 결혼 후에는 남편에 순종하며, 남편이 죽은 뒤에는 아들의 뜻을 따라야 한다는 것이다.

마지막 네 번째로 여자는 결혼하면 남편뿐 아니라 시가 전체를 봉양해야 한다는 것이다.

여자를 무시하고 비하하던 표현과 단어도 많았다. '암탉이 울면 집안 망한다', '처가와 뒷간은 멀리 있을수록 좋다', '겉보리 서 말만 있어도 처가살이는 안 한다', '여자 팔자는 뒤웅박 팔자', '여자가 말이 많으면 과부 된다', '여자 셋이 모이면 접시 깨진다', '여자와 북어는 3일마다 패야 한다', '첫 손님이 여자이면 그날 재수가 없다', '정월 초하룻날 여자가 들어오면 1년 내내 재수 없다' 등이다.

그 외에도 지금 보면 웃음이 절로 나는 표현이 많다. '못생긴 며느리 제삿날에 병난다', '여자는 제 고장 장날을 몰라야 팔자가 좋다', '집안이 망하려면 맏며느리가 수염이 난다', '아내는 수시로 버릇을 가르치고 낡은 집은 손질을 자꾸 해야 한다', '일이 잘되기 위해서는 아내가 끼어들지 않아야 한다', '여자는 거울을 많이 들여다볼수록 집(살림)을 적게 돌본다', '남편의 이름이 아내의 실패를 모면해 준다', '아내가 좋으면 처갓집 말뚝 보고도 절을 한다', '계집 웃음이 담장 넘어가면 안 된다', '여자가 저주를 하면 오뉴월에도 서릿발이 선다' 등이다.

이런 사례를 통해 당시 여성의 결혼 생활 모습과 사회적 지위를 짐작할 수 있을 것이다.

그 후 1960년대부터 시작된 산업화 그리고 1980년대와 1990년대의 민주화, 국제화를 거치면서 우리나라의 결혼 제도에도 급격한 변화가 초래됐다.

먼저 산업화 시대(1960~1980년대 초중반)에 결혼한 여성들은 교육 기회나 사회적 지위는 과거에 비해 높아졌으나, 여성의 사회 진출은 극히 제한적이어서 대부분의 여성은 결혼 후 가사와 자녀 보육에 집중해야 했다.

그 이유로는 1) 가정 경제의 한계와 남성 중심 사고의 잔재로 여성의 교육 기회는 상대적으로 낮았다. 2) 사회 전반적으로 여성에 대한 취업 기회가 제한적이었다. 3) 고학력 여성들의 취업 및 사회 활동에 대한 인식이 여전히 부족했다. 실제 이 당시에는 여성의 대학 졸업장이 '시집 잘 가기 위한 간판'으로 통했다. 이를 증명이라도 하듯 대학을 졸업하자마자 (값이 더 높을 때) 결혼을 서두르는 여성이 많았다. 이상과 같은 현상의 배경에는 전근대적 사고를 가진 아버지 및 할아버지 세대의 영향이 컸다고 할 수 있다.

우리나라 결혼 관행에 실질적인 변화가 초래된 것은 아무래도 1980년대 중후반부터 1990년대에 걸쳐 진행된 민주화와 국제화를 거치면서이다. 이 기간 동안에는 1980년의 민주화 운동, 1987년의 직선제 개헌 선포, 1988년 서울 하계 올림픽 개최, 국제화 진전으로 선진 서구 문화 유입 그리고 1994년 1인당 국민소득 1만 달러 달성, 사무 자동화 및 기계화 진전 등과 같은 이정표적 변화가 많이 일어났다. 이런 변화 촉발 요인들은 사회 전반적으로 과거, 전통과 단절하고 세계화 및 현대화를 앞당기는 기폭제가 됐다.

그 여파로 여성의 학력 및 취업 기회가 대폭 향상됐다. 여성의 사회 활동이 늘어나면서 성차별이 완화되고 양성평등 의식이 높아졌다. 한편 호주제 폐지는 더 이상 대를 잇는다는 명분으로 아들을 고집할 필요를 없애 버렸다.

이와 같은 사회의 분위기 변화는 결혼 생활에도 많은 변화를 가져왔다. 그 대표적인 예가 부부간의 역할 분담이다. 남성은 가정 경제, 여성은 가사 및 육아가 전통적인 역할 분담이었다면, 이때부터는 가정 경제와 가사, 육아 등 모두를 부부가 공동으로 수행하는 형태로 바뀌어 가고 있다.

이처럼 지난 약 30여 년 동안 결혼 관행상 많은 변화가 초래되기는 했지만 한계 또한 분명했다. 그 이유는 다음과 같이 정리할 수 있다.

첫 번째, 가족과 사회라는 공동체는 항상 3~4세대가 공존해서 살고 있다. 앞선 세대에서 장기간에 걸쳐 형성되고 이행되어 온 각종 관행이나 전통, 의례의식 등이 단기간에 일신되기는 쉽지 않다.

두 번째로는 가정이라는 공동체의 특성이다. 가정은 혈연으로 맺어진 정의 집단으로서 특정 이익이나 목적을 위해 만들어진 기업체나 공공기관과는 성격이 다르다. 가정은 목표를 제시하고 지시에 따라 일사불란하게 움직이는 조직과 거리가 있다.

세 번째, 본인이 불만스럽게 생각하는 관행을 본인도 똑같이 아래 세대에게 내려준다. 실제로 대부분의 며느리들은 시어머니의 횡포와 남편의 가부장적 행태에는 치를 떨지만 본인이 그 위치가 되면 앞선 세대와 비슷하게 행세한다. 예를 들어 현대 교육을 받고 커리어 우먼으로 직장 생활을 하는 여성도 며느리가 들어오면 시어머니로서의 권세를 행사하여 갈등의 요인이 되는가 하면, 본인은 남편의 외도를 싫어하지만 아들의 외박에는 관대한 자세를 취하는 경우가 많다. 여성의 적은 여성이라는 데 많은 여성들이 공감하는 이유이다.

한편으로 보면 2030세대의 엄마들(1960년대 전후 출생)은 우리나라 역사상 여자로서는 가장 혜택을 많이 받은 세대이기도 하다. 즉 엄마세대의 여성들은 그 위 세대와 그 아래 세대에 비해 상대적으로 편한 생활을 누렸다고 할 수 있다.

우선 위 세대와 비교하여 어떤 혜택을 누렸을까? 1) 대가족 제도에서 소가족으로 바뀌면서 시부모의 횡포와 가사가 대폭 줄었다. 2) 제사, 차례 등이 많이 간소화됐다. 3) 가정 경제에 대한 책임에서 비교적 자유롭다. 전업주부가 많다. 위 세대는 자영업을 하거나 농사일 등을 해야 했다. 4) 자녀 수가 대폭 줄었다. 5) 삶의 터전이 농경 사회에서 도시 사회로 바뀌었다. 거주지도 주택에서 아파트 중심으로 변했다. 생활 환경이 쾌적해졌다. 6) 가전제품의 등장으로 가사가 편해졌다.

특히 대학을 졸업한 고학력 여성의 경우 자기중심적 결혼관이 강했다. 결혼 비전이 '신랑 잘 만나 편하고 호사스럽게 사는 것'일 정도로 누리는 데만 급급한 여성들이 많았다. 이런 여성들의 대부분은 결혼 준비가 전혀 안 된 상태에서 결혼을 했다. '고이 키워서 시집보내야 결혼 생활에서도 호강한다'는 딸 둔 부모의 기대, 욕심, 이기심 때문이었다. 구정물에 손도 안 넣고 지내다가 결혼을 하니 할 수 있는 게 별로 없었다. 대학은 다녔지만 대부분 학업은 뒷전이었다. 능력 있는 일등 신랑을 찾으면서 자신은 준비된 게 아무것도 없다니 이 무슨 부조화요 몰상식이며 이기적 행태인가!

거기에 끝나지 않는다. 더 큰 문제는 결혼을 한 후에도 남편이나 가족을 위해 근면성실하게 살아야겠다는 의지가 부족하다는 점이다. 편하게 사는 것이 최고라는 고정관념은 결혼한 후에도 그대로 유지되어 본인의 도리나 책임 이행에는 소홀하고 권리 주장에만 혈안인 경우가 많다. 이런 생활 자세는 남편, 시가와 갈등을 유발할 뿐 아니라 대를 이어 자녀에게도 영향을 준다. 자녀를 부족함 없고 불편 없이 키우는 데 초점을 맞추다 보니 대학을 졸업해도 할 수 있는 게 별로 없다. 자생력의 부족은 우리나라의 국가 경쟁력과도 직결된다.

한편 엄마세대의 결혼 생활은 그들의 자녀세대와 비교해도 불리할 게 없다. 그 이유는 다음과 같다. 1) 한창 시절에 취업에 대한 압박감이 없었다. 2) 결혼 시 혼수 등 경제적 부담이 크지 않았다.

자녀세대는 여자도 신혼집 마련 등에 일정 수준 지원해야 한다. 3) 결혼 후 맞벌이에 대한 책임이 크지 않다. 4) 직장 생활과 육아를 겸하는 데 따른 고통이 별로 없다. 5) 선진 서구 문화의 급격한 유입으로 여성의 지위는 높아졌으나 의무 이행에는 상대적으로 소홀하다.

2) 엄마세대와 나의 결혼 환경, 무엇이 얼마나 다를까?

엄마세대에는 휴대전화가 없었다. 일반 가정에도 전화가 한 집에 한 대 있을까 말까 했다. 그것도 안방에. 애인으로부터 전화가 오면 음성을 최대한 낮추어 속삭여야 했다. 부모형제들이 뒤에 다 앉아 있으니 요점만 얘기하고 서둘러 끊어야 했던 것이다. 하숙이나 자취생들은 주인 아주머니가 전화 왔다고 부르면 안방에 뛰어가서 그 집 식구들 앞에서 전화를 받아야 했다. 현재의 20대, 30대들에게는 호랑이 담배 피우던 시절의 얘기이다.

30년 전과 지금의 생활 환경에는 이런 상상도 못할 차이가 있다. 결혼에 대한 인식과 결혼 생활 여건 역시 엄청나게 큰 변화를 겪었다. 몇 가지 상징적 사례를 통해서 그 차이를 살펴보자.

가. 결혼에 대한 인식 변화

- **시집간다(1980년대) → 결혼한다(2020년대)**

'시집간다'는 단어에는 여자가 남자의 집에 들어간다는 것을 의미한다. 여기에서 남자의 집은 곧 시집이다. 1980년대만 해도 핵가족보다는 대가족 제도가 많았으므로 시집에는 시부모와 시숙 및 시동생 그리고 그 배우자들은 물론 시조부모까지 같이 사는 경우도 적지 않았다. 여기에서 '시집살이'가 시작되는 것이다.

한 여자가 낯선 시가에 들어왔으니 그 자체로도 주눅이 들 수밖에 없다. 당시에는 핵가족으로 떨어져 나와 살더라도 신혼 때는 최소 3개월 혹은 몇 년을 시가에서 지내야 했다. 시가의 풍습을 익혀야 했기 때문이다. 그러나 지금은 '결혼한다'라는 표현을 쓴다. 남자와 여자가 1:1로 만나 독립적인 가정을 꾸린다는 의미이다. 시가나 처가로부터 독립되고 부부간에도 대등한 위상을 견지한다.

- **여성의 결혼 나이: 24.5세(1987년) → 30.4세(2018년)**

1980년대만 해도 여성이 25세를 넘기면 '노처녀'라는 딱지가 붙었다. 지금은 30세가 지나면 '골드미스'로 포장해 준다. 결혼이 늦으면 '처녀 귀신'이라고 천대를 받았지만, 지금은 35세, 40세가 돼도 '결혼은 선택'이라며 당사자의 입장을 존중해 준다.

나. 남녀 간의 위상 변화

- **남아 선호 → 아들딸 구분 없음**

1980년대만 해도 길거리에서 엄마와 딸-딸-아들 혹은 딸-딸-딸-아들이 걷는 모습을 자주 볼 수 있었다. 즉 출산을 하여 첫째와 둘째 자녀가 딸이면 아들을 낳기 위해 셋째, 넷째를 계속 시도하는 경우가 많았다. 하지만 1980년대 중반부터는 이런 현상이 사라졌다. 당시에는 정부에서 아들딸 구별 말고 1명만 낳자는 산아 제한 정책을 펼쳤는데, 마침 초음파 검진 기기가 도입되어 태아의 성 감별이 가능해지자 여아로 판명되면 임신 초기에 아예 낙태를 해 버렸기 때문이다.

실제로 현재 20~30대 여성이 태어난 1980~1990년대의 출생아 통계를 보면 이런 사실을 확인할 수 있다. 인구학에서는 여아 100명 당 105~107명의 남아가 태어나는 것을 자연성비(자연적인 상태에서의 성비)로 본다. 1980년대 초반 출생아의 성비는 자연성비에 가깝다. 그러다가 1984년(108.3명)부터 이상 징후가 발생하기 시작한 후 꾸준히 성비가 올라갔다. 그러다가 1990년도에는 성비가 116.5로서 역대 최고치를 기록했다. 이때도 아들에 대한 선호도가 그만큼 높았다.

지금은 딸 하나만 낳고 그만두는 사례가 비일비재하다. 실제 1970년대는 합계 출산율이 4.5명이었으나 1983년에는 2.1명, 1992년에는 1.76명으로 낮아졌고, 급기야 2018년에는 0.98명까지 떨어졌다. 아들이든 딸이든 미련 없이 1명으로 출산을 중단한다.

- **대학 진학률(남:여):**
  29%:20%(1979년) → 65.9%:73.8%(2018년)

우리나라에서는 예나 지금이나 자녀를 키우는 데 가장 부담스러운 것이 학비이다. 1980년대를 전후하여 국제화가 진전되고 자녀 출산을 2명으로 제한하는 과정에서 자연스럽게 아들과 딸에 대한 구분도 사라졌다. 우리나라의 대학 진학률은 2005년에 처음으로 여성(73.6%)이 남성(73.2%)을 추월한 후 지금까지 계속 이런 추세가 유지되고 있다. 2018년 현재 기준으로 대학 진학률은 남성이 65.9%인 데 비해 여성은 73.8%로서 여성이 7.9%p 앞섰다. 여성의 지위가 남성보다 낮다면 이런 현상이 발생할 수 없을 것이다.

- 우리 아이는 아무것도 모른다 → 우리 아이는 뭐든지 척척 잘 한다, 우리 아이는 학교 다닐 때 늘 우등생이었다

과거에는 상견례를 할 때 신붓감 어머니가 예비 사돈댁에 인사차 빠짐없이 하던 표현이 '우리 애는 아무것도 모른다'였다. 실제 남자에 비해 배움의 기회도 적었지만 '딸 둔 죄인'으로서, 또 '암탉이 울면 집안 망한다'라는 사회적 분위기에서 여식의 부모가 딸을 낮춤으로써 사돈댁을 안심시켰다. 지금은 어떤가? 상견례가 되면 양가 부모는 서로 상대의 아들 혹은 딸을 대등한 위치에서 살피고, 또 결혼 당사자는 쌍방 모두 상대 부모를 나름대로 평가한다. 딸 둔 부모는 그동안 정성들여 키웠고, 공부도 잘했으며, 직장 생활 또한 똑 부러지게 잘한다며 딸 칭찬에 열을 올린다.

- 우리 아이는 남자 근처에도 안 가 봤다 → 연애 경험 없는 여자는 싫어요(연애 권장 시대)

1970년대, 1980년대만 해도 신혼 초야에 합궁을 하면 신부의 혈흔 여부가 초미의 관심사였다. 신부가 결혼까지 처녀 상태를 유지했는지 아닌지가 양가 모두의 관심사였다. 혈흔이 있는 천을 시

가 부모에게 자랑처럼 보이고 기념으로 간직하기도 했다. 첫날밤에 처녀가 아닌 것으로 밝혀지면 갈등의 소지가 있었다. 그 당시는 의사나 전문가들이 매스컴 등을 통해 '여성의 처녀막은 자전거를 타는 등의 이유로 파손될 수 있다'라고 계몽에 나설 정도였다. 혼전 성 경험이 있는 여성을 보호하기 위한 배려의 일환이었다.

지금 이런 것을 따지면 어떻게 될까? 시대에 뒤쳐진 사람으로 취급받아 결혼도 못할 것이다. 오히려 딸이든 아들이든 부모들이 앞장서서 연애를 권장하는 추세이지 않은가? 재미있는 사항은 요즘 젊은 남성들은 연애 경험이 없는 여성을 기피한다는 것이다. 모든 것을 다 가르쳐 줘야 한다는 이유로.

- **똑똑한 여자는 팔자가 세다 → 안정된 직장 가진 똑똑한 여자, 신붓감 1순위**

여자가 죽어 지내야 할 시대에 너무 똑똑하게 잘난 체하면 돌아오는 것은 시기와 질시뿐이다. 그러나 요즘 남자들은 너도 나도 똑똑한 여자 찾기에 혈안이다. 아내의 수입이 더 많거나 사회적 지위가 높아도 본인에게 경제적으로 도움이 되면 개의치 않는 분위기이다.

- **결혼식 폐백: 시가 식구 위주 → 생략 혹은 양가 친지 소개**

예전에는 결혼식을 하고 나면 신부가 시가 식구들에게 인사하는 절차, 즉 폐백을 가졌다. 그러나 지금은 이런 폐백을 생략하는 경우가 많고, 하더라도 양가 모두의 친지를 소개하는 형태로 바뀌고 있다.

다. 결혼 환경의 변화

- **고부 갈등 → 장서 갈등**

예전에는 여성의 결혼 생활은 시어머니와의 갈등, 즉 고부 갈등을 빼놓고는 설명이 되지 않았다. 하지만 지금은 여성이 시가로부터 받는 스트레스보다는 결혼한 남자가 처가로부터 받는 고통, 즉 장서 갈등이 더 심각하다. 실제 재혼 전문 온리-유가 돌싱 남녀 512명(남녀 각 256명)을 대상으로 '이혼 사유'에 대해 조사한 결과 여성이 고부 갈등으로 이혼한 비중(2.3%)보다 남성이 장서 갈등으로 이혼한 커플(10.9%)이 훨씬 더 많았다. 시대의 변화상을 상징적으로 보여 준다.

- **관혼상제(관례, 혼례, 상례, 제례 등) 및 명절: 시가 위주**
  → 생략·간소화 및 양가 동등

과거 우리나라에는 설이나 추석 같은 명절은 물론 관혼상제도 다양하게 많았다. 이런 가정의례 때는 친지들이 많이 찾아오고, 또 장시간 머물렀기 때문에 준비 사항도 많고 신경도 많이 쓰였다. 당연히 며느리는 명절이 되면 시가에서 주로 머물고 친정에는 갈 기회가 거의 없었다.

하지만 지금은 이런 가정의례가 많이 간소화되어 횟수도 줄어들고 참석자도 단출하다. 당연히 준비 사항도 간단하고 체류 시간도 대폭 줄었다. 최근에는 양가 비슷하게 머무는 추세이다. 젊은 부부들 중에는 명절 때 아예 해외로 여행을 떠나는 사례도 많다.

- **바깥양반:집사람 → 맞벌이**

엄마세대만 해도 여자는 결혼하면 가사와 자녀, 즉 집안일을 주로 담당하고(집사람), 남자는 바깥일(바깥양반), 즉 가정 경제를 책임지는 것이 공식이었다. 그러나 지금은 맞벌이가 보편화되어 돈도 같이 벌고 가사도 같이 하는 식으로 바뀌어 가고 있다.

- **처가와 뒷간은 멀수록 좋다**
  → 처가와 화장실은 가까울수록 편리하다

예전에는 여자가 시집을 가면 친정에 갈 일도 별로 없고, 또 남편 입장에서도 아내가 고생하는 모습을 처가 식구들에게 보이고 싶지 않았다. 처가가 가까이 있을 필요가 없었다. 하지만 지금은 처가가 가까이 있으면 도움이 될 때가 많다. 실제 통계청 조사에 의하면 맞벌이 부부가 시댁으로부터 생활 지원을 받는 비중은 7.9%인 데 비해 처가로부터 도움 받는 비중은 19.0%로서 처가가 두 배 이상 높다. 맞벌이 부부들은 시가보다 처가와 훨씬 더 밀접한 관계를 유지하고 있다는 의미이다. '출가외인'이 아니라 '한번 내 딸은 영원한 내 딸이다.

또 재래식 화장실인 뒷간은 냄새도 고약하고 벌레도 많이 나와서 멀리 떨어져 있어야 했다. 하지만 요즘 수세식 화장실은 가까이 있을수록 이용하는 데 편리하다.

- **사내대장부가 부엌에 들어가면 고추 떨어진다**
  → 부엌에 자주 들어가는 가정적인 남자, 1등 신랑감!

유교사상이 사회 질서를 지배하던 시대에는 '부부유별'의 정신에 따라 남편은 남편의 본분이 있고, 아내는 아내의 본분이 있었다. 서로 상대의 영역을 침범하지 않고 잘 지켜 주는 것이 서로를 공경하는 것으로 여겼다.

당시에는 부엌일은 여자의 영역이었으므로 남자의 범접을 금했다. 그러나 지금은 맞벌이 시대이기 때문에 바깥일과 집안일을 부부가 서로 공유해야 한다. 남자가 결혼 전부터 부엌일에 익숙하면 결혼 후 사랑받는 신랑이 된다. 가정적인 남자! 여성들의 로망이다.

- **겉보리 서 말만 있어도 처가살이는 안 한다**
  → 신혼집 마련에 도움 줄 처가, 쌍수 들고 환영

처가는 신세를 지거나 가까이 살 대상이 아니라는 의식이 강했다. 이러한 생각은 '남자는 하늘, 여자는 땅'이라는 남존여비의 사회 분위기에서 유래한다. 그러나 지금은 여자가 남자의 아래에 있지 않고 동렬에 위치한다. 따라서 아내 본인이나 처가에서 경제적 도움을 줄 수 있다면 신랑으로서는 두 팔 벌리고 환영할 일이다.

4.

왜 세계 대부분의 사람들은 시공간을 초월하여 결혼을 하고 있을까?

"결혼해 보라. 그러면 그대는 후회할 것이다. 결혼하지 말라. 그러면 역시 또 후회하리라. 여자를 믿는 것이 좋으냐, 믿지 않는 것이 좋으냐, 어느 것을 선택하든 당신은 후회할 것이다."

19세기 덴마크의 철학자 키에르케고르가 한 말이다.

그보다 훨씬 전인 그리스 시대의 철학자 소크라테스도 결혼에 대해 유명한 말을 남겼다.

"결혼은 반드시 해야 한다. 좋은 처를 만나면 행복할 것이고, 악처를 만나면 철학자가 될 것이다."

오랜 역사를 통해 많은 성현들이 결혼에 대해 나름의 명언을 남겼다. 그 대부분은 부정적이다. 그럼에도 결혼 제도는 세계 어디를 막론하고 계속 이어져 오고 있다. 결혼하면 후회한다는 것을 알면서도 사람들은 왜 결혼을 택할까? 그것은 더 나은 대안이 없기 때문이다.

진화생물학에서 자주 사용되는 적자생존의 법칙이 결혼 제도에도 그대로 적용되는 것이다. 결혼 제도를 대체할 남녀 '관계'를 끊임없이 추구했지만 현재의 결혼 행태보다 더 나은 대안을 찾지 못한 것이다. 앞으로도 계속 시대 변화에 맞추어 변모해 가겠지만 지금으로서는 최적의 모델이다.

영국의 시인인 존 드라이든은 "결혼이 일곱 성사의 하나일지 일곱 대죄의 하나일지는 아무도 장담할 수 없다"라고 설파했다. 결혼이라는 제도는 각자 어떻게 활용하느냐에 따라 자신의 삶에 축복이 되게 할 수도 있고, 반대로 재앙이 되게 할 수도 있는 것이다.

1) 후회한다는 결혼, 다들 왜 할까?

결혼하면 후회한다는 것은 누구나 다 아는 상식이다. 그럼에도 결혼을 택하는 데는 그만한 이유가 있다. 대부분의 사람들이 왜 결혼을 하는지 그 목적을 살펴본다.

가. 부부는 서로 돕고 서로 성장시킨다

결혼을 하는 가장 큰 목적은 '부부 서로가 서로를 돕고 성장시키는 데' 있다. 남자나 여자나 혼자서는 불완전한 존재(incomplete half)이기 때문에 결혼을 통해 도움을 줄 배필(helpmate)을 만나 더 나은 사람(better half)이 되고자 하는 것이다. 부부는 도움의 주체인 동시에 수혜자이기도 하다. 그래서 결혼에는 반드시 남자와 여자가 있어야 하고 (물론 동성 커플도 가능하다) 도움과 성장 등이 수반돼야 한다. 따라서 결혼을 하면 혼자 살 때보다 물질적으로 그리고 정신적으로 더 풍요롭고 안정된 삶이 창출된다고 믿는다.

나. 사랑의 평생 파트너를 통해 삶에 활력과 안정을 얻는다

결혼을 하는 두 번째 목적은 '사랑을 통해 삶에 활력과 안정을 얻는 데' 있다. 결혼을 통해 평생 함께할 사랑의 파트너 역(役)을 획득함으로써 혼자서는 가질 수도, 만들어 낼 수도 없는 전혀 새로운 영역의 가치, 즉 사랑을 창출한다. 그 가치야말로 생활에 활력을 불어넣음은 물론 안정감과 안락감을 갖게 한다.

프랑스의 소설가 까뮈는 "잠깐 멈출 수는 있지만 오랜 시간 멈출 수 없는 것이 '사랑하는 일과 감탄하는 일'이다"라고 말했고, 독일의 철학자 칸트는 "행복의 세 가지 조건은 할 일과 사랑하는 사람 그리고 희망"이라고 갈파했다. 인생과 행복을 논할 때 사랑과 사랑하는 사람은 필수불가결이다. 시나 소설, 노래 등에 사랑이 빠지지 않는 이유이다.

남성에게 배우자란 '평소 목표 지향적으로 경쟁과 도전을 일삼으며 삭막하고 치열하게 사는 삶에 위안과 휴식을 제공하는 오아시스 같은 존재'이다. 그 여인을 통해 일상생활에서 오는 피로와 스트레스를 녹이고 새로운 도전에 필요한 에너지를 충전한다.

그러면 여성에게 배우자란 무엇일까? 여성은 남성과 비교하여 신체적으로나 정서적으로 연약하기 때문에 자신을 보호해 주고 옹호해 줄 상대를 필요로 한다. 한편 여성은 자녀 출산과 육아 등에 상대적으로 많은 시간과 노력을 투입해야 한다. 따라서 근심, 걱정 없이 여유로운 가운데 자녀 출산과 양육에 집중할 수 있을 정도의 생활 여건이 갖추어져야 한다. 이런 점을 감안할 때 여성에게 배우자는 '신체적, 정서적 안전과 안정은 물론 경제적 여유를 지원하고 보장해 주는 성주 같은 존재'라고 할 수 있다.

이 배우자의 역할은 부부 양쪽 모두에게 다른 누구도 대체할 수 없는 소중하고 값진 것이다.

다. 인간의 다양한 욕구를 해결해 준다

시공간을 초월하여 대부분의 사람들이 결혼을 택해 온 세 번째 목적은 '인간의 다양한 욕구를 충족시키는 데 결혼만 한 게 없기 때문'이다. 미국의 심리학자인 매슬로우는 "많은 사람들은 사랑과 소속의 욕구가 결핍되었을 때 외로움이나 사회적 고통을 느끼며, 스트레스나 임상적인 우울증 등에 취약해진다"라고 했다. 이렇듯 매슬로우가 주창한 '인간 욕구 5단계설' 중에서 상당 부분이 결혼을 통해서 직·간접적으로 그리고 크고 작게 충족될 수 있다.

〈인간 욕구 5단계설〉

1단계 (생리적 욕구, Physiological Needs):
　　　먹고 입고 자고 싶은(의식주) 욕구, 종족 번식 본능 등
2단계 (안전의 욕구, Safety Needs)
　　　신체적·감정적·경제적 위험으로부터 보호받고 싶은 욕구
3단계 (사랑, 소속의 욕구, Love&Belonging Needs):
　　　사랑하고, 공동체에 소속되며, (친구와) 교제하고 가족을 만들고 싶은 욕구
4단계 (성취 욕구: Esteem Needs):
　　　존경받고 주목받고 싶은 욕구, 권력 및 명예욕
5단계 (자아 실현의 욕구, Self-actualization Needs):
　　　자신의 재능 및 잠재력을 극대화함으로써 느끼는 쾌감 및 만족감

특히 심리학자 켄릭 등은 인간의 궁극적인 목표는 매슬로우의 욕구 5단계설 중 최상위에 속한 '자아 실현 욕구'가 아니라 '배우자를 만나 자녀를 낳고 양육하는 번식(reproductive) 측면'에 있다고 주장하여 결혼의 중요성을 강조했다.

라. '평범한 삶'에서 벗어나는 데 대한 두려움이 있다

결혼을 하는 네 번째 목적은 '남들과 크게 다르지 않게 살기 위해서'이다. 사람들은 평범한 것을 좋아한다. 남이 가진 것을 갖지 않거나, 남이 안 가진 것을 갖는 것 그리고 남이 하는 것을 안 하는 것에 대해 두려움과 부족감을 느낀다. 결혼에 실패한 돌싱들도 전 배우자에 대해 좋지 않게 생각할지는 모르지만 결혼한 것 자체를 후회하는 사람은 많지 않다.

대부분의 사람들은 결혼을 하면 장점만 있지 않고 단점도 많다는 것을 잘 안다. 결혼 생활에는 단점만 있는 게 아니라 장점도 많을 것이라는 기대 때문에 역설적으로 결혼을 택한다. 본인의 결혼은 다른 사람과 달리 특별할 것이라는 기대 심리가 있고, 대다수의 사람들이 다 하는 결혼을 안 했을 때 혹시 있을지 모르는 불이익이나 결핍감, 미련 등을 미연에 방지하기 위해서 결혼을 한다.

인간에게는 이율배반적인 심리가 동시에 존재한다. 자유롭고 싶은 욕구와 소속되고 싶은 욕구가 그것이다. 결혼하지 않고 혼자 살면 자유롭지만 한편으로는 외롭다. 결혼하여 가정에 소속되면 외로움에서는 벗어나지만 구속감을 느끼기 쉽다. 또 우리 인간은 자신이 못 가진 것에 대해 결핍감을 가진다. 결혼을 한 사람들은 결혼 자체의 긍정적 측면보다는 부정적인 면을 보면서 불만스럽게 생각하고, 결혼을 하지 않은 사람들은 독신이라는 신분 자체에서 자격지심, 혹은 열등감을 가진다.

마. 남녀별 특징을 융합하여 서로가 서로를 보완한다

결혼의 목적 다섯 번째로는 '남녀 상호 간의 특징, 장단점을 공유하고 결합함으로써 서로를 보완하는 데' 있다. 남성과 여성은 서로 다른 특징과 장단점을 가지고 있다. 결혼을 통해 서로가 가진 특징과 장점을 공유하고, 상대로 하여금 자신의 취약점을 보완함으로써 상승효과를 창출할 수 있는 것이다.

남성은 여성에 비해 상대적으로 1) 외부 지향적이고 사회 활동에 적극적이다. 2) 목표 지향적이어서 승부욕과 경쟁심이 강하다. 3) 책임감과 리더십이 뛰어나다. 4) 논리적이고 통찰력이 있다. 5) 모험적이고 도전적인 성향이 있다. 6) 자존심이 강하고 권위적이다. 7) (신체적으로) 강하고 용감한 편이다.

여성은 남성에 비해 1) 가정적이고 관계 지향적이다. 2) 감성적이고 직관력, 표현력이 뛰어나다. 3) 자녀와 불가분의 관계가 있고 모성애가 강하다. 4) 평화와 안정 지향적이다. 5) 공감 능력 및 상황 적응력이 뛰어나다. 6) 의존적이고 보호받으려는 본능이 강하다. 7) (신체적, 정서적으로) 약하고 섬세하며 겁이 많은 편이다.

이런 남녀 간의 특징이 결혼 생활에서는 어떻게 나타날까? 아내는 자녀 출산과 육아 등과 같은 가사에 시간과 노력을 좀 더 많이 투입하는 대신 남편은 가정 경제에서 우위를 점한다. 직장 생활에서는 6:4 혹은 7:3으로 남편의 비중이 높고, 아내는 육아 및 가사에서 6:4 혹은 7:3으로 좀 더 많이 기여한다.

남편이 주식이나 사업에 퇴직금 2억을 투자하여 일거에 큰돈을 벌려고 하면 아내는 1억으로 억제한다. 반대로 집을 살 때 남편은 형편에 맞추어 27평짜리를 신청하려 하면 아내는 욕심을 부려 34평을 지르고 본다. 친척의 결혼식 때 남편이 50만 원을 축의금으로 내려고 하면 아내는 30만 원으로 깎는다. 무거운 가구를 남편이 번쩍 들어 옮겨 주면 아내는 안팎을 깨끗하게 닦는다. 자녀를 키울 때 아빠는 이성적으로 훈계하면 엄마는 정으로 보듬어 준다.

이렇게 남성과 여성의 특징과 장단점을 서로 공유하고 나누면 서로에게 도움이 된다.

바. 평생 희로애락의 공유자가 된다

마지막 여섯 번째는 결혼을 하면 부부는 '평생 동반자로서 희로애락을 공유하는' 공동 운명체가 된다. 신혼 때는 연인으로서 열정이 넘치고 깨소금이 쏟아지는 시기라면, 자녀를 출산하면 애기 엄마, 애기 아빠로서의 책임이 주어진다. 자녀가 좀 더 크면 학부모로서의 지위가 부여된다. 한동안 부부가 합심하여 자녀 키우는 데 전력을 기울인다. 시간이 흐르면서 사회생활에서는 과장, 팀장 … 사장 등으로 올라간다. 집도 20평대에서 30~40평대로 커진다. 국내외 여행도 같이 다니고 테니스도 함께 한다. 좀 더 시간이 지나면 장인 · 장모, 시아버지 · 시어머니가 되면서 또 다른 자녀를 맞이한다. 손자 · 손녀를 보게 되면 할아버지 · 할머니가 된다. 그리고는 영감 · 할멈 되어 서로 의지하면서 공원, 강변 등으로 나들이를 간다. 때가 되면 병간호하고 임종도 지켜 준다.

이런 복잡한 과정을 거치면서 달콤하고 밋밋하며 쓴 맛을 보기도 한다. 상대적으로 남편의 입김이 셀 때도 있고 또 아내가 떵떵거리는 시기도 있다. 하지만 인생을 정리할 때가 되면 승자, 패자도 없이 부부 둘 다 승자가 된다. 혼자 독신으로 살면 절대 가질 수 없는 많은 장점과 혜택을 누린다.

2) 결혼은 사회적으로 어떤 의미를 지닐까?

'남녀가 부부관계를 맺는 행위 또는 부부관계에 있는 상태'로 정의되는 결혼이란 다음과 같은 사회적 의미를 지닌다.

1) 당사자인 남녀에 대해 남편과 아내라는 지위와 함께 규범에 따른 권리와 의무를 동시에 부여한다.
2) 당사자 간의 성관계를 특별히 인정받는 대신 혼외 성관계를 제한하고, 이 통제를 통하여 사회의 기본적 구성단위인 가족의 존립과 사회 전체의 안정에 기여한다.
3) 부부 사이에 태어난 자식에 대해 적자(嫡子)로서의 자격을 주는 동시에 그것에 상응하는 권리와 의무를 인정한다.
4) 혼인은 그 사회의 특유한 친족 조직에 개인을 편입시킴으로써 조직 강화와 제도 유지에 기여하는 동시에 혼인 관계 확대를 통해 사회 자체의 확대를 가져오는 역할을 한다.
5) 결혼을 함으로써 가족 관계 형성(상속권 발생), 동거 의무, 부양 및 협조 의무, 일상 가사 대리권 발생(일상 가사 비용에 대해 배우자 채무 연대 책임), 성년의제(미성년자도 결혼을 하면 성년으로 간주함) 등의 권리와 의무가 발생한다.

한편 사회적으로 성적 질서 유지와 사회 성원 보충 그리고 사회 결합 및 확대 등의 기능을 수행한다.

5.

행복한 부부와 불행한 부부, 어디에서 갈릴까? (사례연구)

결혼을 할 때는 남녀 모두 고르고 또 고른 후 최적의 배우자감을 낙점한다. 그렇게 만나 평생 비교적 원만하게 잘 살아가는 부부가 있는가 하면, 원수같이 변하는 부부도 많다. 다른 모든 외적인 조건은 더할 나위 없이 좋으나 부부 당사자의 성격이나 가치관, 습성 등이 잘 맞지 않아서 결혼 생활이 삐걱거리기도 하고, 결혼할 때는 양호하던 직장이나 건강상에 문제가 생겨서 난관에 봉착하기도 한다.

그런가 하면 외도나 폭행(언), 주사 등과 같이 결혼 전에는 생각지도 못했던 돌출 변수로 말미암아 식물 부부로 전락하기도 한다. 거기에 가정이라는 공동체를 구성하여 살다 보면 부부 당사자뿐 아니라 자녀, 시가(혹은 처가)와 관련된 문제로 갈등이 빚어지기도 한다. 이와 같이 문제는 누구에게나 끊임없이 발생하기 마련이다. 관건은 크고 작은 문제가 발생했을 때 여하히 지혜롭게 대처해 나가느냐이다.

여기 우리 주변에서 흔히 마주칠 수 있는 부부 유형을 소개한다. 남부럽지 않게 살아가는 부부들, 다소 아쉬운 부분도 있지만 무난하게 살아가는 부부들 그리고 고통 속에서 힘들게 살아가는 부부들을 다양하게 살펴본다. 하나하나의 사례를 유심히 살펴보면 어떤 사람을 만나서 어떻게 살아야 할지에 대한 교훈을 얻을 수 있을 것이다.

다음의 각 사례는 30년 이상 결혼 생활을 영위한 부부들이다.

1) 행복한 부부들(일곱 커플 소개)

가. 사례 1

가) 부부의 프로필[1]

- 남편: 국내 최고 대학의 경영학과 졸업, 미국의 명문대에서 석·박사 학위 취득/현재 서울의 명문대 정교수로 근무 중/부친이 세무사 사무실을 운영하는 중산층 집안 출신/큰 키에 왜소한 체격/사회성과 배려심이 부족하고 직장 일을 제외하고는 가사는 물론 친가, 처가 등에 무관심함.
- 아내: 국내 최고의 명문 여대 졸업, 미국 석사/외국계 회사에 근무하다가 현재 중소기업에서 근무 중/부친이 군 장성 및 국가 기관장을 역임하여 경제적으로 여유 있고 화목한 가정에서 성장함/깔끔하고 세련된 커리어 우먼 스타일/적극적이고 긍정적이며 매우 쾌활함. 겸손하고 늘 주변 사람을 배려하여 기분 상하게 하는 일이 없음. 가정과 직장 등에서 양성평등을 몸소 실천하는 현대 여성의 표상임.

나) 인연

세계 최고의 외국계 회사에 같이 근무하면서 남성의 대시로 결혼에 이름.

---

1) 각 사례의 프로필은 '학력–직업–가정 환경–외모–성격' 등의 순이다.

다) 결혼 생활

결혼과 더불어 남편의 제의로 같이 미국 유학을 감. 시가에서 유학 경비를 지원해 주지 않아서 아내가 식당 서빙 등을 하면서 학비와 생활비를 충당함. 유학 후 남편은 교수로, 아내는 외국계 회사에 새로 입사함. 남편은 가사에 전혀 관심이 없음. 아내는 직장을 다니면서 남편의 아침과 저녁 식사를 꼬박꼬박 챙김. 또 아내는 시가에서 둘째 며느리이지만 명절이나 각종 대소사를 도맡아 처리함. 시부모가 협의하고 처리할 일이 있으면 세 아들 대신 이 며느리를 찾을 정도로 신임이 높음. 현재 경제력은 중상위권임.

라) 행복한 이유

1) 부부간의 학력, 가정 환경 등에서 조화가 잘 이루어짐. 2) 가정 경제 측면에서 양성평등을 실천함. 남편은 물론 아내도 평생 직장 생활을 한다는 자세임. 결혼 초기에 집 장만이나 일상적인 생활비도 부부가 반반으로 부담해 오고 있음. 3) 아내가 매사를 긍정적이고 적극적으로 받아들임. 실제 본인 가정과 시가, 친정(장녀) 등 세 가족을 챙기면서도 불평불만 없이 즐겁게 수행함. 명절 준비를 하면서도 늘 "1년에 두 번인데요 뭐"와 같이 긍정적으로 받아들임. 4) 남편은 성격이 매우 드라이하나 문제 또한 만들지 않고 직장도 안정적임. 5) 주말이면 등산 등 취미 활동을 같이 하면서 부부로서 일체감을 도모함.

나. 사례 2

가) 부부의 프로필

- 남편: 서울의 명문대에서 중어중문학과 졸업. 중국의 최고 명문대에서 석사 및 박사 과정 이수/경상북도 소재 모 대학 교수/평범한 가정 출신/보통 체격에 평범한 이미지/다혈질적이나 감성적인 면도 있음.
- 아내: 남편과 같은 대학, 같은 과의 2년 후배임. 같은 대학의 학사~박사 과정 이수/대학 강사, 통역 및 번역 등/아버지가 법조계에 종사하는 상류층의 엘리트 가정 출신/밝고 청순한 이미지의 탁월한 외모/활달하고 적극적임. 재치 있고 대인관계도 양호함. 사회 참여형임.

나) 인연

같은 대학의 동호회인 문학반에서 만나 시, 소설 등을 같이 쓰고 논하면서 연인 관계로 발전함. 여성은 외모는 물론 가정 환경, 성격 등의 측면에서 남성보다 월등하나 자신의 주관에 따라 주변의 만류를 뿌리치고 결혼에 이름.

다) 결혼 생활

남편은 직장이 지방 도시에 있고 아내는 직장이 서울일 뿐 아니라 아들딸 각 1명의 자녀를 키워야 하기 때문에 서로 떨어져 지냄. 아내는 시간이 허락하는 대로 최대한 자주 남편에게 가서 가사 등

생활을 돌봄. 결국 두 집 살림을 꾸려 감. 아내는 몇 개 대학에 강사로 나가다가 일찍 자리를 잃고 번역과 통역 일에 집중함. 남편이 다혈질적이라 맞추기 힘들 때도 있지만 평소에는 감수성도 있고 인정이 많아서 다정다감한 분위기도 연출함. 또한 직장이 안정적이라 이런 장점을 보고 감사하며 살아감. 현재 경제력은 보통 수준임.

라) 행복한 이유

1) 여성이 속물적 욕심보다 상호 취향과 가치관을 중시하여 본인의 주관에 따라 결혼을 결심했음. 따라서 물질적 기대가 높지 않음. 2) 아내가 남편에 대한 의존도를 줄이고 자신의 삶에 충실하면서 보람과 성취감을 느낌. 3) 많지 않지만 안정되고 고정된 남편의 수입을 아내가 늘 고맙게 생각함. 본인도 사회생활을 하다가 본의 아니게 자리를 잃어 봄으로써 사회생활이 만만치 않다는 것을 몸소 깨달음. 4) 부부에게 '중어중문학'과 '문학'이라는 공통의 영역이 있기 때문에 대화가 통하고 상호 협력도 가능함.

다. 사례 3

가) 부부의 프로필

- 남편: 국내 최고 명문대의 공대를 졸업하고 미국에서 석·박사 학위 취득/박사로서 국내 재벌 그룹의 계열사에 과장으로 입사하여 현재 최고위 경영자로 재직 중/지방 대도시에 7층 규모의 빌딩을 보유한 유복한 가정 출신/듬직하고 인상이 좋

음/밝고 활달한 성격임. 가정과 친지 등에 희생적이어서 힘든 일을 본인이 도맡아서 처리하는 장점이 있음. 보수적이고 고집이 세다는 게 옥에 티임.
- 아내: 서울 명문대를 졸업하고 미국에서 석사 학위 취득/입시 학원을 장기간 운영했으나 지금은 전업 주부임/부유한 사업가 집안 출신/귀여운 이미지임/밝고 긍정적인 성향이라 매사를 이해하고 수용함. 심성이 착하고 배려심이 있어서 주변 사람들을 편안하게 해 줌. 결혼 전에 연애 경험이 한 번도 없을 정도로 정숙했음.

나) 인연

대학생 시절 미팅을 통해 만난 후 남성이 적극적으로 대시하여 결혼에 이름.

다) 결혼 생활

결혼 후 부부 동반으로 미국 유학을 다녀옴. 남편은 승부욕이 강하여 직장에 전념하는 성향이라 아직 부부 동반으로 해외여행을 한 번도 간 적이 없음. 한편 가정에서는 희생적이나 다소 무뚝뚝하고 고리타분한 스타일이라 아기자기한 재미는 없는 편임. 그러나 아내도 오랫동안 본인의 일을 가졌기 때문에 서로 자신의 삶에 충실하며 상대를 이해하고 존중함. 남편이 임원이 된 후에는 가정 경제가 여유로워졌으나 그 전에는 평범한 수준이었음. 현재의 경제력은 서울의 중상위권 수준임.

라) 행복한 이유

1) 학력이나 가정 환경 모두 남녀 비슷한 수준임. 2) 연애를 통해 만나서 성격, 성향 등이 비교적 잘 맞음. 3) 남편이 자기 일에 과도하게 몰두하여 가정에는 다소 소홀하나 아내가 워낙 심성이 착하고 어떤 상황도 긍정적으로 받아들이는 성향이라 크게 문제가 되지 않음. 4) 아내도 자신의 일이 있었기 때문에 남편에게 의지하지 않고 독립적인 생활을 할 수 있었음. 남편이 임원이 되기 전에는 생활 수준도 평범했으나 아내가 욕심을 부리지 않고 현실에 만족하면서 생활했음. 5) 매주 일요일에는 부부가 다정하게 교회에 같이 다님. 6) 결혼 생활 중 크게 문제될 일이 발생하지 않았음.

라. 사례 4

가) 부부의 프로필

- 남편: 대구의 평범한 대학 영문과 졸업/고등학교 교장 정년 퇴임/어려운 가정 환경의 4남 1녀 중 장남/큰 키에 준수한 외모/사회성이 좋고 솔직담백함.
- 아내: 지방 전문대 졸업/전업 주부/평범한 가정의 외동딸/평소 자기 관리를 잘해 날씬한 몸매 유지/인간관계가 좋고 적극적인 성향임.

나) 인연

남편의 지방 근무지에서 조우하여 교제도 별로 없이 바로 결혼을 함.

다) 결혼 생활

남편은 장남으로서 명절이나 제사 등을 도맡아 챙겨야 할 처지여서 갈등의 소지가 있으나 부부가 합심하여 잘 대처해 나가고 있음(1970년대와 1980년대에는 여성들이 배우자로 장남을 꺼렸음). 아내는 아파트 부녀회 회장 및 시가의 문중 모임의 총무를 맡는 등 활달하고 행동반경도 넓음. 현재 경제력은 보통 수준임.

라) 행복한 이유

1) 남편은 장남으로서 제사 등을 챙겨야 하기 때문에 아내의 지원이 절실한 입장에서 본인도 틈틈이 가사를 도와줌. 2) 아내는 외동딸로 자라서 가까운 친지가 별로 없기 때문에 시가 식구들을 내 가족처럼 생각함. 시가 식구들에게 희소식이 있으면 지인들과 공유하면서 같이 기뻐함. 3) 남편의 교사라는 직업이 경제적으로 풍요롭지는 않지만 안정적이어서 생활에 큰 굴곡이 없었음. 4) 아내가 부창부수를 잘 이행함. 예를 들어 남편이 저녁 9시 반에 취침하는 습관이 있는데 아내도 거기에 잘 따라줬고, 부부의 본래 종교는 불교였으나 남편 직장 사정상 성당에 나가게 되자 아내도 흔쾌히 수용하고 같이 다님. 5) 부부 모두 다혈질이어서 말다툼이 잦으나

뒤끝이 없어 바로 화해함.

마. 사례 5

가) 부부의 프로필

- 남편: 서울 중상위권 대학의 의과대학 졸업/현재 피부과 병원 원장/평범한 가정 출신/키가 크고 인상도 좋음/사회성이 좋아서 친구가 많음.
- 아내: 지방의 평범한 국립대학 졸업/전업 주부/부친이 중견회사 대표로서 부유한 가정 출신/편안한 이미지/사회성이 좋고 정이 많으며 시가 등 주변 사람들을 잘 챙기는 희생적 성향임.

나) 인연

대학 시절 친구의 소개로 만나서 결혼까지 골인한 케이스임.

다) 결혼 생활

아내는 본인이 솔선하여 시부모에게 고급 아파트를 사 드리는가 하면, 가끔씩 시부모님들을 남편의 병원으로 모시고 가서 피부 검사 및 시술을 받게 하는 등 섬세하게 배려함. 이런 배려 덕분에 부부간은 물론 며느리와 시부모, 아들과 부모 사이에도 매우 원만한 관계가 유지되고 있음. 경제력은 탁월함.

라) 행복한 이유

1) 경제적으로 윤택함. 2) 부부 모두 성격이 원만함. 3) 아내가 자신의 학력이나 외모 등의 열세를 지혜와 희생정신 등으로 잘 보완함. 4) 시가에서 며느리에게 갑질을 할 듯하나 이 여성이 워낙 배려심이 많기 때문에 오히려 딸 이상으로 따뜻하게 대해 줌.

바. 사례 6

가) 부부의 프로필

- 남편: SKY 중 하나에 다니다가 제적당함/결혼 당시 무직, 현재는 사업 영위/평범한 가정 출신/이지적 이미지/사회 참여형이며 화통한 성격임.
- 아내: 서울 상위권 대학의 영문과 졸업/현재 사업 영위/지방 대도시의 중견 의류 사업가 집안 출신/귀엽고 복스러우나 야무진 이미지/솔직담백하고 친화력도 있음. 주관이 뚜렷하고 적극적인 성향임.

나) 인연

대학 생활 중 학생회 간부로서 만남. 남녀 모두 자신의 대학에서 학생회 간부로 활동했는데 반정부 투쟁을 공동으로 추진하는 과정에서 연인으로 발전함. 그 후 남녀 모두 데모에 가담하다가 경찰에 쫓기는 몸이 되었고, 남성은 결국 8년 넘게 징역살이를 함.

다) 결혼 생활

여성은 남성이 출소할 때까지 8년을 기다렸다가 결혼했음. 남성은 대학 졸업도 못한 상태로 장기간 옥살이를 했기 때문에 출소한 후에는 완전한 무능력자요 무자격자로 전락돼 있었음. 사회 현실에 어두워 대중교통을 이용할 줄도 공중전화를 사용할 줄도 몰랐고, 취업은 언감생심 꿈도 꿀 수 없었음. 처음에는 아내의 사업을 지원하면서 현실 감각을 되찾은 뒤 지금은 남편도 자신의 사업을 운영하고 있음. 아내는 현재의 남편을 배우자로 선택한 데 대해 전혀 후회하지 않음. 현재 경제력은 보통 수준.

라) 행복한 이유

1) 아내는 다른 남자를 선택할 수 있었지만 지조를 지켰고, 그 선택에 대해 스스로 책임을 지고 살아감. 2) 남편은 평생 빚진 마음으로 아내를 대할 수밖에 없음. 부부 모두 만족스럽게 살고 있음. 3) 성향, 가치관이 비슷하여 공감대를 이룸. 4) 부부 모두 지적 수준이 높고 의지가 강해서 어려운 상황을 무난히 잘 극복해 나가고 있음.

사. 사례 7(스페셜)

가) 부부의 프로필[2]

- 남편: 경희대 법학과 졸업, 사법고시 합격/인권 변호사, 청와대 민정 수석 및 비서실장, 대통령 등/부산의 평범한 가정 출신/준수한 외모에 선한 이미지/원칙을 지키고 배려심이 있음, 청렴하고 검소함.
- 아내: 경희대 성악과 졸업/시립합창단원으로 활동한 바 있음/서울에서 한복집을 경영하는 넉넉한 가정 출신/밝고 복스러운 이미지/사근사근하고 유쾌하며 적극적인 성향임. 순수하나 엉뚱한 면도 있음.

나) 인연

같은 대학 친구의 소개로 1974년 학교 축제 때 파트너로 만남(남성 3학년, 여성 1학년). 그 후 7년간의 교제 끝에 1981년에 결혼함. 교제 기간 중 반정부 데모를 하다가 최루탄에 맞아 쓰러진 남성의 얼굴을 여성이 물수건으로 닦아 주면서 연인 관계로 발전함. 당시 남자 친구는 2회에 걸쳐 구치소에 들어갔고 특전단으로 강제 징집을 당하는 등 미래가 불확실한 상태였음. 남자 친구가 군제대 후 여성의 부모에게 인사를 갔으나 부모는 "그냥 학교 선후배

---

[2] 동아일보사 편집부, 《여성동아》 2017년 3월 27일 자 '대선기획: 문재인·김정숙 부부 인터뷰'를 참고하였다.

로 지내게"라며 사실상 결혼에 반대했음. 그 후 남성은 사시에 열중하여 합격한 후 본격적으로 프러포즈하여 결혼 승낙을 받아냈음.

다) 결혼 생활

결혼 초기 아내는 남편이 어렵게 변호사가 됐으므로 직업(당시에는 변호사란 곧 돈 잘 버는 직업으로 통했음)에 맞게 호화로운 생활을 하기 원했음. 그러나 남편은 변호사가 너무 돈벌이에 치중하면 생활이 흐트러지기 쉬우므로 검소하고 청빈한 생활을 원했음. 이런 의견 차이로 인해 부부 싸움이 크게 벌어진 적도 있으나, 이내 아내도 남편의 가치관을 수용하면서 그 후 평화롭게 잘 지냄. 현재 경제력은 중상위권임.

라) 행복한 이유

1) 학창 시절 여성은 학력이나 가정 환경 등의 측면에서 미래가 좀 더 밝은 남성을 찾을 수도 있었으나 크게 욕심을 내지 않음. (당시 경희대 법대는 사법고시 합격자를 많이 배출하지 못했음). 한편 1970년대에는 음대와 미대에 가정 환경이 좋은 여성들이 많이 갔음. 2) 여성은 대학생 때 남자 친구의 여러 가지 사건을 보면서도 가치관과 인성 등을 높게 평가하여 현재의 남편에 집중했음. 3) 결혼 후 변호사인 남편이 돈을 버는 것보다 인권 변호사로서 시민 활동에 주력하는 것을 아내가 수용하고 지지해 줌. 그 결과 훗날 정

치인으로서의 기반이 공고히 구축됨. 4) 남편이 원칙을 가지고 흔들림 없이 소신껏 변호사 생활 및 정치인의 길을 걸음. 가장으로서도 배려심이 있고 모범적임. 5) 아내 특유의 순수하고 쾌활한 성향이 밝고 건전한 가정 분위기를 만들어 냄.

행복하게 잘 사는 부부라고 사례를 몇 개 들었으나 이들에게 행복을 담보하는 공통점이 있을까? 결혼할 때 모두 차고 넘치는 조건의 배우자를 만났을까? 성격이 특별히 잘 맞을까? 아니면 결혼 생활이 모두 희망대로 순탄하게 굴러갔을까? 꼭 그렇지만은 않다.

이들 부부에게서 구태여 결혼 및 결혼 생활의 교훈을 찾는다면 다음과 같은 사항을 꼽을 수 있겠다. 1) 여기에 언급된 부부들, 특히 여성들은 현재의 배우자를 만나서가 아니라 다른 남성을 만났더라도 원만하고 행복하게 잘 살 가능성이 높다. 배우자가 잘해 주기를 바라는 대신 본인이 상대를 위해 헌신적으로 하려는 자세가 되어 있기 때문이다. 2) 부부의 학력이나 가정 환경상 수준 차이가 과도하게 크지 않다. 3) 물질적인 부분에 초점을 맞추기보다 가치관이나 성향, 공통의 관심사 등에 중점을 두고 배우자를 골랐고, 또 결혼 후에도 그렇게 살아가고 있다. 4) 살아가면서 각 부부에게 문제가 없는 것이 아니라 문제가 발생했을 때 어떻게 받아들이고 또 어떻게 대처해 나가느냐가 관건이다.

2) 무난하게 사는 부부들(다섯 커플 소개)

결혼 생활이 순탄치만은 않으나 그렇다고 큰 문제가 있는 것도 아닌 부부들이다. 경우에 따라서는 훨씬 더 행복하게 살 수도 있고, 또 경우에 따라서는 훨씬 더 불행하게 살 수도 있지만 '불행 중 다행'으로 혹은 '아쉽게도' 무난한 수준으로 살아가는 부부들이다.

가. 사례 1

가) 부부의 프로필

- 남편: 서울 명문대학의 법학과 졸업, 사법시험 합격/검사/부유한 사업가 집안 출신/성실한 이미지의 평범한 외모/반듯하지만 고지식하고 보수적임.
- 아내: 국내 최고의 여대에서 영문과 학사 및 석사 과정 이수/외국계 회사에서 장기간 근무, 현재 전업 주부/부친이 대기업 회장 출신으로 최상위권 가정 출신/세련미가 있고 도회적임/밝고 명랑함. 야무지고 똑 부러지는 성향으로 책임을 다하는 유형.

나) 인연

대학 시절 소개팅으로 만남.

다) 결혼 생활

아내는 본인의 집안도 최상위급이었으나 검사를 아들로 둔 시가에서 세도가 심함. 시부모는 물론 시할머니까지 모셔야 했고 설상가상으로 시가의 사업도 망해서 악재가 겹침. 이런 상황에서도 남편은 성격상 아내에게 큰 위안이 되지 못함. 그러나 아내는 본인의 역할을 똑 부러지게 잘 수행할 뿐 아니라 맞닥뜨린 상황을 현명하게 잘 대처해 나가고 있음. 결혼 시 아내가 5층 규모의 건물 하나를 혼수로 가지고 왔기 때문에 경제적으로는 상위권에 속함.

라) 무난한 이유

1) 이 부부는 남편은 물론 아내도 배우자 조건으로 최상위권임. 그러나 부부, 특히 아내의 결혼 생활 만족도는 상대적으로 높지 않음. 2) 아직도 검사 부모들의 권세가 남아 있어 아내로서는 마음고생이 심함. 3) 경제적으로 여유가 있고 남편의 사회적 지위 측면에서도 장점이 있으므로 아내 입장에서는 자위하며 살아감. 4) 부부 당사자들에게 별다른 문제가 없음. 5) 아내가 남편과 시가 등에 현명하게 잘 대처하고 있음.

나. 사례 2

가) 부부의 프로필

남편: 서울 상위권 대학의 공대 졸업, 미국 명문대 석사/다국적 경영컨설팅 회사 → 사업(망함) → 컨설팅회사 → 사업/결

혼 당시에는 아버지의 사업이 번창하여 매우 부유했으나 그 후 어머니의 병환과 사업상 문제 등으로 가세가 기울어짐/남성적이고 듬직한 이미지/평소에는 정이 많고 따뜻한 성품임. 그러나 즉흥적이고 감성적인 면이 있어서 술을 마시면 폭음을 하고 주사도 심함.
- 아내: 서울 상위권 대학의 영문과 졸업, 미국 석사/전업 주부를 희망했으나 남편의 사업이 망하면서 학원 강사 및 과외 선생으로 약 15년간 활동함. 지금은 남편 회사를 돕고 있음/아버지가 국가 기관장을 역임한 중상층의 화목한 가정 출신임/귀엽고 세련된 이미지/밝고 명랑하면서도 의지가 강함.

나) 인연
여성의 친정어머니가 친구(명문대 법대 동창)의 아들과 연결

다) 결혼 생활
남성이 미국에 유학 중일 때 만나서 결혼하고 여성도 유학 생활에 합류함. 유학 후 아내는 육아에 전념하고, 남편은 컨설팅 회사에 다님. 이때는 아무런 문제가 없었으나 남편이 갑자기 회사를 그만두고 사업에 뛰어들었다가 2년 만에 망함. 그 후 남편은 새로운 직장을 알아보기는커녕 매일 술에 의존하며 완전히 폐인처럼 생활함. 회생 가능성이 전혀 없어 보이자 아내는 최종 경고를 했고, 그제야 남편도 심기일전하여 회사에 다시 취업함으로써 위기를 넘

김. 남편은 평소에는 식사도 몸소 준비하고 아내와 처가에도 매우 자상하게 잘함. 현재 남편은 아버지 회사를 물려받아 운영하고 아내도 같이 지원하고 있음. 경제력은 서울의 중위권 수준임.

라) 무난한 이유

1) 남편의 성격이 너무 변화무쌍하여 평소 얻은 점수를 한 번씩 범하는 실수로 대량 실점함. 2) 남편의 사업 실패를 통해 장기간 어두운 그림자를 남김. 그러나 남편이 기사회생하여 재기했고 아내도 긍정적으로 상황을 받아들임. 3) 아내의 의지가 강하여 어려울 때 가장 역할(학원 강사)을 충실히 수행했고, 남편도 평소에는 자상한 면이 있으므로 아내가 위안으로 삼음. 4) 시가에 예상치 못한 문제가 발생하여 이들 부부에게도 부정적인 영향을 미침.

다. 사례 3

가) 부부의 프로필

- 남편: 서울의 중상위권 대학의 의대 졸업/의사(현재 대학 이사장)/부친이 대형 병원장으로 최상위권 가정 출신/귀티 나고 세련된 이미지/반듯하고 다정다감한 성격.
- 아내: 명문대 의대 졸업/의사(현재 병원장)/부친이 변호사로서 엘리트의 유복한 가정 출신/수수하고 이지적 이미지/모범적이고 순수하며 성실함. 외유내강형으로서 어떤 상황에서도 흔들림이 없고 성숙한 인격체임.

나) 인연

여성이 현재 남편의 아버지 병원에 입사하자 남성이 적극적으로 대시하여 결혼에 이름. 남성은 이 여성을 만나기 전에 이미 아들 1명을 양육 중인 재혼 대상자였음. 당연히 여성 본인은 물론 부모들도 반대가 심했으나 남성의 끈질긴 구애로 결국 프러포즈에 응함.

다) 결혼 생활

아내도 상류층의 반듯한 집안에서 자란 미혼의 자랑스러운 의사였으나 결혼 초기 시댁에서는 아들이 양육아가 있는 돌싱임에도 며느리에게 구박을 심하게 해서 힘든 시기를 보냈음. 아내가 성숙한 자세로 현명하게 잘 이겨 내서 결국 현재는 근무 중인 병원의 원장으로 있음. 남편은 병원과 계열 관계에 있는 대학의 이사장직을 맡고 있음. 경제력은 당연히 탁월함.

라) 무난한 이유

1) 아내는 시가의 자기중심적 사고와 콧대 높은 권세로 인해 고통스런 시간을 보냈음. 2) 여러 가지 어려운 상황에서도 아내가 의연하고 현명하게 잘 대처함. 3) 아내의 성숙한 인격과 강인한 인내심 덕택에 결국 영광을 거머쥠. 4) 시간이 흐르면서 부부 모두 사회적 지위를 누리면서 윤택하게 잘 지냄.

라. 사례 4

가) 부부의 프로필

- 남편: 국내 최고 수준의 대학 졸업/대기업을 다니다가 그만두고 사업을 벌였으나 이내 도산, 현재 중소업체에 계약직으로 근무 중/평범한 가정 출신/잘생기고 인상도 좋음/소탈하고 털털하나 야무진 면은 부족함.
- 아내: 서울의 명문대 이공계 학과 졸업/중견 IT 업체 임원으로 근무 중/평범한 가정 출신/미스코리아 수준으로 외모가 탁월함/밝고 긍정적이며 진취적인 성향으로 대학 시절에는 학과 대표를 맡기도 했음. 솔직하고 가식이 없음.

나) 인연

소개팅을 통해 만나서 일정 기간 교제 후 결혼에 이름.

다) 결혼 생활

남편이 대기업에 다니다가 갑자기 그만두고 사업을 시작했으나 오래 가지 못하고 빚만 잔뜩 남김. 그 후 중소업체에 계약직으로 들어가서 근무하고 있으나 수입은 많지 않음. 아내가 남편을 대신하여 가장으로서 꿋꿋하게 생업에 나서고 있음. 현재 서울시에서 공급하는 임대 아파트에 거주하고 있음. 경제력은 열악함.

라) 무난한 이유

1) 아내가 남편의 실패를 그럴 수도 있다고 긍정적으로 받아들여서 이혼과 같은 극단적 선택을 막음. 2) 아내가 경우에 따라서는 자신이 가정 경제를 책임질 수도 있다는 진취적 사고를 가지고 양성평등 정신을 몸소 실천함. 3) 시영 임대 아파트에 살면서도 아내가 그 상황을 친지들에게 있는 그대로 밝히고 밝고 명랑하게 생활함. 4) 부부 모두 성격이 좋고 남편이 사업에는 실패했어도 다른 문제가 별로 없으므로 무난하게 잘 지냄.

마. 사례 5

가) 부부의 프로필

- 남편: 대구의 명문 국립대 공대 졸업/외국계 회사에서 20년 동안 근무하다가 세계적 반도체 업체로 옮겨 고위 간부로 퇴직. 그 후 자회사 임원으로 근무 중/평범한 가정 출신, 양친 모두 별세한 상황에서 결혼/선하나 수수한 이미지/한마디로 천사표 남편임. 항상 주변을 살피고 배려하며 희생하는 성향임.
- 아내: 서울 상위권 대학의 학 · 석사/남편과 같은 회사에 장기간 다니다가 퇴직 후 백화점에서 근무함. 현재는 주부/부유한 집안에서 장녀로 여유롭게 성장함/여성스럽고 인상이 매우 좋음/대학에 수석 입학한 모범생임. 경제관념이 다소 부족하고 자기중심적인 면도 있음.

나) 인연

같은 회사에서 CC(회사 커플)로 만남. 남성이 5년간 따라다니면서 적극적으로 구애하여 결혼에 이름.

다) 결혼 생활

연봉이 높은 외국계 기업에서 부부가 함께 근무하면서 경제적 기반을 마련했고, 남편이 반도체 회사에서 인센티브 등 고액의 연봉을 받으면서 경제력이 매우 좋아짐. 부동산 투자를 통해 재테크도 잘함. 집안일은 모두 남편이 도맡아서 처리함. 여성은 본인이 번 돈은 본인이 대부분 쓸 정도로 사치가 심하고 자기중심적인 면도 강하여 남편은 물론 두 딸이나 친정어머니에게도 무관심함. 결혼 당시 여성 입장에서는 다소 격에 맞지 않는 남성과 결혼한다는 평가가 많았으나 지금은 친구들 중에서도 잘된 케이스임. 현재는 남편 직장 사정상 수도권 도시에서 거주함. 경제력은 중상위권임.

라) 무난한 이유

1) 여성의 자기중심적이고 사치스러운 성향 때문에 갈등이 발생하나 남편이 잘 이해하고 극복함. 2) 남편이 시간이 지나면서 직장에서 빛을 발해 경제적으로 윤택해짐. 3) 남편이 장기간 구애 끝에 결혼을 성취하여 평생 고마운 마음으로 베풀고 살아감. 4) 부부 모두 장기간 열심히 사회생활을 영위했음. 5) 시가 부모가 일찍 별세하여 여성으로서는 결혼 생활의 잠재적 장애물이 사전에 제거됨.

위의 5개 사례에 등장하는 남녀 각 개인들의 프로필을 살펴보면 학력은 물론 직업, 가정 환경 등이 대부분 A등급 이상이다. 그런 조건 좋은 남녀끼리 만났는데 왜 부부로서는 만족도가 A등급 이상 되지 못할까? 반대로 결혼 생활 중 우여곡절을 겪으면서도 나락으로 떨어지지 않고 무난하게 살아가는 비결은 무엇일까?

이런 커플들에게서 배울 점은 무엇일까? 우선 결혼 시 배우자감으로서의 '조건'과 결혼 후의 '만족지수'는 반드시 정비례하지 않는다. 두 번째로는 결혼할 당시 상대의 외형적 조건들이 평생 그대로 유지되지 않을 수도 있다. 다음 세 번째로는 결혼 생활에는 부부 두 사람 외에도 다른 많은 요소들이 끼어들어 예상치 못한 방향으로 벗어날 수 있다. 이런 점을 사전에 잘 살펴봐야 한다. 네 번째로는 결혼에는 상대가 있으므로 어느 한쪽이 잘못하면 결혼 생활 전체에 부정적인 영향을 끼칠 수 있다. 다섯 번째로는 물질적인 측면에서 다소 부족해도 정신적으로 잘 통하면 큰 어려움 없이 난관을 극복할 수 있다. 마지막 여섯 번째로는 자신의 선택에 책임만 질 수 있다면 후회스럽지 않은 결혼 생활을 영위할 수 있다.

3) 불행한 부부들(다섯 커플 소개)

가. 사례 1

가) 부부의 프로필

- 남편: 서울 최상위권 대학의 경영학과 졸업/사업/수백억 원 대의 자산가 집안 출신/180cm의 키에 듬직하고 남자다운 외모/권위적이고 남성중심적인 사고를 가짐.
- 아내: 서울 명문대학 졸업/전업 주부/평범한 집안 출신/복스럽고 귀여운 스타일/단순하나 밝고 명랑함.

나) 인연

대학 시절 소개팅으로 만났음. 남성 집안에서 반대가 심했으나 현재의 시어머니가 며느리감을 직접 만나 보고는 맏며느리로서 성격이 좋다며 적극 찬성으로 돌아섬. 대학 졸업과 동시에 결혼함.

다) 결혼 생활

결혼할 때는 남편의 가정 환경이 매력 포인트였으나 결혼 후 역경이 많아 결혼 생활이 순탄치 않았음. 결혼 초기 약 3년간 시집살이를 해야 했고, 분가한 뒤에도 시어머니가 별세할 때까지 약 25년간 거의 노예처럼 살았음. 매주 일요일에는 시아버지 부모형제들이 종교 생활을 같이 하는데 끝나고는 10명 이상이 시가로 와서 식사를 함. 거기에 필요한 식사를 준비해야 했고, 평소에도 이런저런 음식과 잡다한 일을 시켰기 때문임. 결혼 생활이 25년쯤 되었을 때는 남편 사업마저 어려워져서 현재는 서울 생활을 정리하고 부부 모두 인천으로 내려가서 살고 있음. 설상가상으로 시아버지가 별세하기 전에 암 투병을 하는 과정에서 간병을 해 준 시동생에게 자신의 재산을 모두 양도함. 결국 맏며느리인 아내는 고생만 실컷 하고 재산은 시동생에게 모두 **뺏긴** 상황임.

라) 불행한 이유

1) 여성이 수준 차가 너무 큰 가정에 시집을 갔다가 시가로부터 갑질을 당함. 2) 여성으로서는 시가로부터 배신당하고 남편도 사업이 망하는 등 불운이 겹침. 3) 남편이 너무 부유한 집안에서 온실의 화초처럼 자라서 자생력이 부족함. 부모들로부터 아내를 지켜 주지 못함.

나. 사례 2

가) 부부의 프로필

- 남편: 서울의 중위권 대학 졸업 및 대학원 과정 이수/유명 통신회사에서 임원으로 퇴직한 후 관련 회사에서 계약직으로 근무 중/아버지는 공무원으로 중산층 가정 출신. 3남 중 장남/훤칠한 키에 인상도 좋음/조용하고 점잖은 성품.
- 아내: 남편과 같은 대학 졸업/전업 주부/지방 대도시의 유지 출신/눈에 띌 정도의 탁월한 외모/욕심이 많고 이기적이며 다혈질적임.

나) 인연

같은 대학에서 친구 소개로 만난 CC임.

다) 결혼 생활

아내는 말을 함부로 하여 주변 사람들에게 상처를 주는 경우는 종종 있었으나 남편이 직장에서 퇴직할 때까지는 시가 가족들과 비교적 협조적이었음. 그러나 남편이 정규직에서 퇴직하고 거기에 퇴직금 2억 정도를 주식 투자로 날린 후부터는 남편에게 포악해졌을 뿐 아니라 시부모 및 동서들도 함부로 대함. 친정에서 상가 빌딩을 유산으로 받아서 가정 경제는 양호하나 욕심 및 심술이 많아서 남편을 무시하는가 하면 시가를 상대로 이런저런 요구 사항도 많음. 시가에서 맏며느리임에도 명절 등 대소사 때 자신의 역할은 전혀 하지 않으면서 불평불만만 늘어놓아 분위기를 망치는 경우가 허다함. 뿐만 아니라 남편이나 시부모에게 시도 때도 없이 "이혼하겠다"라고 협박을 함.

라) 불행한 이유

1) 남성이 외모에 치중하여 배우자를 고름. 2) 남편은 평소 성격, 가치관 등이 매우 좋으나 직장 퇴직에 이어 주식 투자 실패로 불행을 자초함. 3) 아내가 욕심이 너무 많고 성격이 강함. 4) 남편의 위상이 추락하자 아내의 지위가 상대적으로 높아지면서 남편을 깔보고 짓뭉갬. 5) 아내가 본인의 외모, 가정 환경 등을 배경으로 우월감을 가지고 있음.

다. 사례 3

가) 부부의 프로필

- 남편: 국내 최상위권 대학에서 학사부터 박사 과정까지 이수/박사 학위 취득 후 공기업에 근무하다가 벤처회사를 설립했으나 얼마 못 가서 망함. 현재 중견업체 근무 중/집안 법도를 중시하는 엘리트 가정 출신/180cm의 준수한 외모/당초 다정다감하고 따뜻한 성품이었으나 사업 실패 후 포악해짐.
- 아내: 서울의 명문대 졸업/학원 강사로 활동하다가 지금은 학원 관리자로 근무 중/반듯한 중산층 출신/선하고 수수한 이미지/정확하고 반듯한 완벽주의자이지만 배우자로서는 다소 피곤할 것 같은 성격임.

나) 인연

대학 시절 친구 소개로 만나 교제하다가 우여곡절 끝에 결혼을 하게 됨.

다) 결혼 생활

남편이 공기업에 근무할 때는 결혼 생활이 원만했으나 사업을 시작하고 IMF를 맞아 도산하면서 가정이 어려워짐. 사업이 망하고 남편이 과음에 자포자기식의 생활을 영위함은 물론 가정을 소홀히 하여 심각한 상황까지 초래됨. 거기에 시가에서도 참견이 심하여 엎친 데 덮친 격임. 남편은 중견업체에 근무하나 수입이 많지 않아서 아내는 본인 의사와 무관하게 학원에서 근무하고 있음. 현재 경제력도 넉넉지 않은 상황임.

라) 불행한 이유

1) 결혼은 비슷한 수준으로 잘 함. 2) 학구적인 남편이 사업 체질도 아니고 자금 여력도 없는 상태에서 사업을 시작했다가 위기를 못 버티고 도산함. 3) 남편이 사업 망하고 내공 부족 등으로 충격에서 헤어나지 못함. 4) 까다로운 시집 분위기.

라. 사례 4

가) 부부의 프로필

- 남편: 서울 중상위권 대학의 의과대학 졸업/의사/평범한 중산층 가정 출신/꽃미남으로 호감형/냉정하고 차가운 성격임.
- 아내: 서울의 상위권 대학 불문과 졸업 및 여타 대학원에서 MBA 취득/웨딩 숍, 베이커리, 커피숍 등 운영/가정 환경 최상(아버지는 준 재벌급 회사 회장이고, 어머니는 임대 사업가로 수백억대 자산가임)/연예인급의 탁월한 외모에 여성스러운 성품으로 남성들에게 어필함/상냥하고 부지런하며 매우 적극적인 성향임.

나) 인연

중매를 통해 만남.

다) 결혼 생활

결혼 초기 아내가 병원 및 서울의 최고급 아파트 등을 모두 마련함. 남녀 모두 상대의 조건을 보고 결혼했으나 아내의 조건이 월등히 좋음. 남편이 정신적 압박감 등으로 스트레스를 받아서인지 신혼 때부터 바람을 피워서 갈등이 심했음. 그 후에도 결혼 생활이 순탄치 않아서 별거를 하는 등으로 어렵게 지내다가 결국 결혼 생활 20년째 되는 해에 헤어짐. 수년간 재산분할 소송을 벌이다가 어렵게 종결됨.

라) 불행한 이유

1) 남녀, 특히 남성 측이 상대의 조건을 보고 결혼하여 상호 신뢰감이나 정신적 교감이 부족했음. 2) 아내의 조건이 월등히 좋았기 때문에 남편으로서는 자격지심 등으로 정신적 압박을 받았고 이를 외도로 해결하려다가 문제가 커짐. 3) 이혼 절차를 밟으면서 남편이 재산을 조금이라도 더 챙기기 위해 소송을 벌이는 등 인성상 문제가 있었음.

마. 사례 5
가) 부부의 프로필

- 남편: 서울의 최상위권 대학 경영학과 졸업/공공기관 근무 중/중상류층 가정 출신/지적이나 왜소함/학구적이나 사회성이 부족하고 까칠함. 마마보이 성향도 다소 있음.

- 아내: 서울의 중하위권 대학 무용과 졸업/(전업 주부로 있다가 별거하면서) 중견업체 근무, 현재는 퇴직/아버지가 고위 공무원 출신으로 경제력도 매우 양호함/키가 크고 귀여운 이미지/밝고 활달하며 솔직담백하나 푼수 끼가 있음.

나) 인연

고위 공무원인 여성의 아버지가 본인의 친구 아들과 정략 결혼을 시킴.

다) 결혼 생활

남편은 성격이 깐깐한 엘리트이고 아내는 지적 수준이 다소 떨어지는 푼수여서 대화가 전혀 통하지 않고 성격 조화도 이루어지지 않음. 아내는 주부로서의 준비도 전혀 되어 있지 않아서 시부모에게 늘 핀잔을 들었음. 친정에서 호사스럽게 자란 아내는 이와 같이 사면초가의 상황에서 고립무원의 처지가 되자 우울증에 걸리고 스트레스로 쓰러져 눕게 됨. 보다 못한 이 여성의 친정 부모는 딸을 남편 및 시가로부터 격리시켜 혼자 거주하도록 함. 아들 둘이 있기 때문에 법적 혼인 관계는 유지한 채 별거 상태로 지냄.

라) 불행한 이유

1) 여성의 아버지가 욕심을 부려서 딸과 지적 수준이나 성향 등이 전혀 맞지 않는 남성과 결혼시킴. 2) 남편도 마마보이 성향이

있고 융통성이 없어서 아내와 원만하게 살아보려는 노력이 부족했음. 3) 부부 모두 인격적으로 성숙하지 못했고, 특히 여성의 경우 친정에서 너무 호사스럽게 자라서 자립심에 한계가 있었음.

 소개한 커플들의 개인별 면면을 뜯어보면 결혼해서 행복하게 못 살 하등의 이유가 없다. 남성의 능력이나 여성의 외모는 물론 집안 환경 또한 모두 중상위권 이상이다. 그런데 이 사람들은 왜 결혼에서 행복하지 못할까?

 결혼 생활의 실패 요인이 각자 다르지만 요약해 보면 다음과 같이 정리할 수 있다. 1) 우리나라에서는 사업(불안정), 시가 혹은 처가(과다한 간섭) 그리고 성격(살아 보기 전에는 정확하게 파악하기 힘듦) 등이 결혼 생활의 행·불행을 크게 좌우한다. 2) 부모에 의해서 주어지는 프로필(가정 경제력, 외모, 신체 조건, 지적 수준 등)도 중요하지만 결혼 상대가 후천적으로 만든 프로필(학력, 직업, 끈기와 인내심, 배려심, 사회성, 예의범절 등)이 결혼 생활에 더 큰 영향을 미칠 수 있다. 3) 결혼 상대를 고를 때 결혼 전의 궤적(학교 시절, 취업 등)을 참고는 하되, 결혼 후의 생활, 즉 직장 생활(사교성, 성실성, 끈기 등) 및 가정 생활(남편, 아내, 아버지, 어머니 등으로서의 역할) 등에 필요한 요건을 얼마나 충실하게 갖췄는지 결혼 전에 면밀히 살펴봐야 한다. 4) 결혼할 때 상대의 외모나 경제력 등을 무시할 수는 없다. 하지만 그런 조건이 아무리 좋다고 해도 성격이나 가치관, 취향, 공통의 관심사 등과 같은 정신적 결속력과 관련된 사항이 뒷받침되지 않으면 결혼은 사상누각이 될 수 있다. 5) 결혼을 하는 순간 자신의 선택에 대해 책임을 져야 한다. 결혼 상대가 기대 이상이거나 기대에 못 미쳐도 그(그녀)를 믿고 결혼을 결심한 자신의 결정을 존중해야 한다. 물론 상대가 행복한 결혼 생활을 위해 최선을 다한다는 전제이다.

어떤 여성은 직장 생활을 하면서도 남편을 위해 아침과 저녁 식사를 꼬박꼬박 챙긴다. 거기에 그치지 않고 시가와 친정의 대소사까지 묵묵히 수행한다. 그러면서도 늘 밝고 즐겁게 생활한다.

또 어떤 여성은 전업 주부이면서도 출근하는 남편의 아침 식사도 챙기지 않을 정도로 불성실하다. 그럼에도 늘 불평불만으로 가득 차 있다.

결혼 생활에서 행복하고 불행하고는 자기 자신에 의해 상당 부분 정해진다. 어떤 여성은 (특별히 문제가 없는 남성일 경우) 누구를 만나도 잘 맞추어 살고, 또 어떤 여성은 아무리 자기보다 나은 남성을 만나도 늘 불평불만 속에 살지 않을까.

6

결혼 생활의 만족도, 어떻게 높일 수 있을까?

역사적으로 많은 성현들이 결혼의 어려움을 역설했다. 지금 우리나라 젊은이들 또한 결혼에 소극적이다. 결혼은 태생적으로 어려운 게 사실이다. 결혼 생활을 하려면 상대를 이해하고 배려해야 하며 또 참아야 한다. 흥미로운 사실은 인류의 생활이 윤택해지고 의식이 선진화될수록 결혼 생활은 점점 더 어려워진다는 점이다. 자유와 인권 등을 더 중시하기 때문이다. 선진국 국민들일수록 심층 교제나 혼전 동거와 같은 다양한 방법을 동원하여 결혼 실패를 미연에 방지하고 있는 데서도 이런 사실을 확인할 수 있다.

그렇다고 의기소침할 필요는 없다. 산이 높고 험하다고 산악인들이 도전을 멈추는가? 큰 고통을 참고 이겨 내면 더 큰 기쁨과 보람이 오는 법이다. 프랑스의 철학가인 몽테뉴가 "행복한 결혼이 극히 드문 것은 그것이 얼마나 귀중하고 위대한 것인지를 보여 준다"라고 언급한 것도 같은 맥락이다.

'결혼이 얼마나 귀중하고 위대한지'를 인정한다면 포기하는 대신 그 장점을 누리기 위해 적극적으로 대처해야 한다. 결혼의 속성을 심층적으로 파악하여 원만한 결혼 생활에 걸림돌이 되는 사항들을 미리 도려내면 된다. 그리고 2020년의 우리나라 사회에 가장 잘 맞는 결혼 방정식을 찾아서 적용하면 된다.

1) 결혼 생활은 왜 어려울까?

'바다에 나가려거든 한 번 기도하고 전쟁터에 나가려거든 두 번 기도하고 결혼을 하려거든 세 번 기도하라!'
러시아의 속담이다.

전쟁터에 나가서 온전하게 귀환하는 것보다 결혼해서 해피 엔딩으로 끝나기가 더 어렵다는 것이다. 결혼 생활은 왜 힘들까?

가. 남자는 '화성' 출신, 여자는 '금성' 출신이라

우리가 남녀 간의 차이를 설명할 때 자주 쓰는 표현이다. 남자와 여자는 근본적으로 뇌 구조가 다르기 때문에 생각과 말과 행동이 다를 수밖에 없다.

몇 가지 상황을 예로 들어보자.

- **상황 1**

자녀가 어머니의 부음을 접한다. 그 순간 아들은 장례 준비와 장지를 머리에 그린다. 딸은 "아이고 엄마, 아이고 엄마"라며 대성통곡부터 하고 본다.

• 상황 2

대학 동창끼리 노래방에 갔다. 남자들은 십중팔구 박자가 엉망이다. 흥을 낸다며 박자를 놓치기 일쑤. 가사도 자막과 따로 놀 때가 많다. 노래를 반은 따라 부르고 반은 자작으로 직접 만들어 부른다. 여자들은 어떤가? 자막에 나오는 대로 가사와 박자를 한 치의 오차도 없이 또박또박 정확하게 따라 부른다.

• 상황 3

오후 6시 퇴근 시간. 여직원들은 6시가 땡 하자마자 뒤도 안 돌아보고 사무실을 나간다. 집을 향해서…. 일단 집에 도착하면 정들고 눈에 익은 환경이 마음을 편안하고 안정되게 만든다. 남자는 퇴근 후 사무실을 벗어나면 해방감과 더불어 방황이 시작된다. 매일 가는 집으로 가자니 뭔가 허전하다. 그래서 친구에게 전화를 돌리거나 퇴근 전 미리 약속을 만들어 놓는다. 그렇게 시작된 방황은 이런저런 구실을 만들어 가며 1차, 2차, 3차… 차수를 거듭하며 저 잣거리를 헤맨다. 한 자리에 웬만큼 익숙해지면 또다시 새로운 곳을 찾아 떠난다.

• 상황 4

맞선을 주선하고 남녀 당사자에게 소감을 묻는다. 남성은 "매니저님 말씀대로 예쁘고 착하던데요. 그런데 여성분 분위기를 보니까 제가 차일 것 같아요!"라고 솔직하게 답한다. 여성의 대답은 상황에 따라 두 갈래로 나뉜다. 본인이 싫었을 때는 "제 타입이 아니었습니다!"라고 단호하게 밝히나, 호감을 느꼈을 때는 "남성분은 뭐라고 하던가요?"라고부터 묻는다. 상대가 좋았다면 "저도 괜찮았어요!"로, 상대의 반응이 부정적이면 "저도 별로였어요!"라고 둘러댄다.

• **상황 5**

남자 4명이 술자리를 갖고 있다. 정치 등 시사 문제를 중심으로 대화를 나누는데 분위기가 살벌하다. 각자 전문가라도 되는 양 알량한 지식과 논리를 총동원하여 자신의 주장을 펴는 데 한 치의 양보가 없다. 여자 4명이 커피숍에서 수다를 떨고 있다. 직장 동료, 상사를 도마 위에 올려놓고 험담을 쏟아내기에 바쁘다. 상대의 말은 듣는 둥 마는 둥 하면서 4명 모두 자신의 발언에만 열을 올린다. 중간중간에 "맞아 맞아, 너도 그래?" 등으로 깔깔대며 공감대를 형성하고 서로 맞장구를 친다.

나. '불완전한' 개체 간의 결합이다 보니

인간은 성별, 출신 배경, 지적 수준, 사회적 지위 등에 상관없이 누구나 불완전하다. 도덕적, 윤리적으로 부족한 부분이 많고 이기적 성향 또한 강하다. 경제력이나 지적 수준, 사회적 지위, 가정 환경 등에 장점이 있으면 겸손하지 못하고 뻐기기 일쑤이다. 반대로 스스로 부족한 점이 많다고 생각하는 사람들은 열등감과 자격지심이 심해서 별일 아닌데도 민감하게 반응한다. 옳고 그른 일을 판단할 지혜가 있을지라도 자제력과 실행력의 한계로 상대에게 고통과 상처를 주기 쉽다. 반면 상대의 실수나 잘못에 대해서는 이해심에 한계가 있다.

다. 무촌의 부부, 가깝긴 한데 '이해타산'이 개입되다 보니

부부는 무촌으로 세상 누구보다 가깝고 친밀해야 한다. 그러나 부부는 부모나 형제와 같은 끈끈한 혈육의 정도 없고, 이해타산이 개입되지 않는 친구 사이의 순수함도 없다. 관계의 밀접함에 비해 서로를 맺어 주는 끈은 허술하기 짝이 없다.

결혼을 하고 나면 상대와 서로 많은 영향을 주고받는다. 따라서 결혼하기 전이나 결혼한 후에도 상대에 대한 기대가 클 수밖에 없고, 그 기대는 불평과 불만을 낳기 일쑤이다. 불평과 불만은 간섭과 잔소리 혹은 무관심과 분노로 이어지기 쉽다. 매일 지근의 거리에서 생활하다 보니 흠이나 단점은 크고 선명하게 보인다. 관계 악화로 연결되기 딱 좋은 구조이다.

라. '나(개인)'와 '우리(부부)'의 경계가 모호하다 보니

기혼의 부부들이나 돌싱들과 얘기를 나누다 보면 '구속(여)'과 '잔소리(남)'를 자주 호소한다. 결혼을 한다고 해서 상대의 일거수일투족 모두가 부부 공동의 영역에 속하지는 않는다. 개인 삶의 영역도 보장돼야 하나 실생활에서는 그렇지 않은 경우가 많다. 배우자라는 명분으로 상대의 삶에 사사건건 개입하고 간섭하려 하니 남편은 남편대로, 아내는 아내대로 불편하고 짜증스럽다.

각자 부부로서 요구되는 최소한의 책임과 도리를 다하고, 또 배우자로서 지켜야 할 금도를 유지하되 개인으로서의 독립된 삶도 보장되어야 한다.

마. 결혼 생활은 '밀림지대' 탐험하듯 전도가 불투명하여

결혼 생활은 길고 굴곡도 많다. 본인 하나만 해도 건사하기 벅찬데 배우자까지 책임져야 한다. 살아가면서 마주치게 되는 본인과 배우자의 건강 문제, 성격·가치관·성향 차이, 직장 및 경제적 문제 등과 같은 일상적인 문제가 끊임없이 발생하는가 하면, 또 인간이기에 외도, 폭언(행), 도박 등과 같은 생각하기도 싫은 불상사도 맞닥뜨린다. 거기에 자녀와 관련된 (육아와 교육, 입시, 취업, 결혼 등) 문제도 어깨를 짓누른다. 그 외에도 시가 혹은 처가와의 갈등도 무시할 수 없는 결혼의 짐이다.

바. '가정'이라는 객관적 규범이 인정되지 않는 주관적 공동체이다 보니

기업체나 행정부 같은 조직들은 앞서가는 회사나 국가를 벤치마킹하여 최적의 법규나 지침을 만들 수 있지만 부부 생활은 그게 힘들다. 부부 생활에는 표준 정답이 없다. 부부간의 행동 규범이나 생활 패턴은 물론 가치관과 목표 등은 오로지 해당 부부만이 만들 수 있다. 그렇게 만들어진 자신들만의 헌법과 법률을 부부 생활에 적용하고 또 서로 지켜 나가야 한다. 하지만 가족이라는 공동체는 정으로 맺어진 조직인지라 딱딱한 법전을 만들기도 힘들고 또 지키기도 어렵다.

사. 결혼은 '가족 간의 결합'이라

흔히 결혼은 가족 간의 결합이라고들 한다. 최근에는 본가나 배우자의 가족으로부터 독립하는 추세이나 여전히 일정 부분 관계를 유지한다. 처가 혹은 시가와 경제적으로 그리고 육아 및 살림, 가정의례·의식 등과 관련하여 너무 긴밀하게 관계를 맺다 보면 부부간의 갈등 요인으로 작용할 수 있다.

아. 결혼 전 '배우자 검증'상의 한계 때문에

평생을 함께할 배우자를 선택하는 데는 고려 사항이 한도 없이 많다. 그러나 우리나라의 경우 결혼 전에 상대를 정확하게 파악하는 데 한계가 있다. 일정 기간의 교제에 의존해야 하기 때문이다. 우리나라도 동거에 대한 인식은 상당히 긍정적(대학생의 85%가 찬성)이나 아직 현실화까지는 요원하다(대학생 중 동거 경험자는 13%). 서구 선진 국가에서는 동거 제도를 통해 결혼이라는 정식 절차를 밟기 전에 배우자감을 철저하게 검증한다.

우리나라 젊은이들도 의식 수준은 상당히 높아졌고 결혼관 또한 확고하다. 그러나 정작 결혼 상대를 검증하는 데는 철저하지 못하다. 그 결과 결혼 후 단기간 내에 이혼하는 비중이 매우 높다. 통계청의 '2018년 혼인 및 이혼 통계' 자료에 따르면 결혼 후 4년 내에 이혼하는 비중이 한 해 총 이혼자의 21.4%를 차지하는 데서 그 실상을 알 수 있다.

자. 우리나라 특유의 '과도기적 시대 상황' 때문에

앞에서 살펴보았듯이 우리나라의 근·현대사는 세계에서도 유례가 없을 정도로 급격하게 변해 왔다. 결혼도 예외가 아니다. 이런 과정에서 한편으로는 서구의 선진 제도나 문화가 도입되었으나 다른 한편으로는 아직 구태의연한 면도 많이 남아 있다. 예를 들어 대학 진학이나 취업, 사회적 위상 등의 측면에서는 여성이 남성과 대등하나 결혼을 통해 배우자에게 기대려는 심리는 여전하다. 특히 물질만능주의적 사회 분위기가 결혼에도 강하게 작용하여 경제력을 지나치게 중시하는 경향도 있다. 이런 조건 중시 결혼은 부부간의 정신적 결속력을 취약하게 만들어서 이혼에 쉽게 노출되게 하기도 한다.

또한 제사나 명절과 같은 전통적 의례의식과 가부장적 분위기 등도 곳곳에 남아 있어서 결혼 생활의 장애물로 작용한다. 그런가 하면 2030세대들의 끈기와 인내심 부족, 타협정신 결여 등도 원활한 공동체 생활을 방해한다.

2) 2020년대, 어떤 결혼관을 가져야 결혼 생활이 원만할까?

'결혼은 선택이냐 필수이냐'라는 명제에서 결혼을 하기로 선택했다면 혼자 사는 것보다는 더 잘 살아야 한다. 앞에서 살펴본 바와 같이 결혼 생활을 원만하게 영위하는 데는 극복해야 할 과제가 많다. 결혼한 기혼자들 중에는 행복하게 살지 못하는 사람들 또한 많다. 그럼에도 민족이나 시대에 상관없이 대부분 결혼을 해 오고 있다. 의무적으로 하는 결혼이 아니라 좀 더 결혼의 본래 취지에 맞게 살려면 어떤 자세를 가져야 할까?

가. 결혼에 앞서 '협약서'를 작성하라

우리들 주변에는 10년 연애하고 결혼해서 3개월도 못 살고 헤어지는 커플들이 있다. '남자는 화성, 여자는 금성' 출신인지라 근본적으로 뇌 구조가 다르고, 성향과 가치관, 삶의 자세, 습성 등이 다른 데 기인한다. 또 한편으로는 결혼 전에 상대를 파악하는 데 소홀한 측면도 있고, 최선을 다한다 해도 엄연한 한계가 있다. 혼전 동거가 현실적으로 제한적이고, 또 교제를 오래 한다 해도 늘 비슷한 대화, 비슷한 경험을 반복하다 보니 별 진전이 없다.

교제를 하면서 시간이 흐르다 보면 정이 들고, 그러다 보면 결혼 얘기가 나온다. 결국 상대를 제대로 파악하지도 못하고 또 결혼 생활에 대한 아무런 청사진도 없이 공동 생활에 들어간다. 당연히 전혀 생각지도 못했던 희한한 일들이 무더기로 발생하게 된다. 이전 세대 같으면 어쩔 수 없이 그냥 살겠지만 요즘 세대는 어림도 없다. 그 책임은 다른 누구에게 있는 것이 아니라 바로 결혼 당사자에게 있다.

이와 같은 낭패를 막기 위해서는 결혼 전에 당사자끼리 그리고 필요하면 전문가의 도움을 받아 가며 결혼 청사진, 즉 협약서를 작성하는 것이 바람직하다. 반드시 당사자 두 명이 함께 참여하여 예상되는 이슈 하나하나에 대해 세세하게 협의하고 조정하여 합의안을 도출해야 한다. 이런 과정을 통해 서로의 결혼관을 확인함은 물론 결혼과 관련된 주요 사안들에 대해 서로 약속하고 다짐하며 검증할 수 있다.

협약서에는 1) 결혼 당사자 및 가족의 주요 프로필, 재산, 건강 등에 대한 사실 확인(예: 내가 생각하는 당신은 이런 사람이다. 여기에 허위 사실이 없어야 한다), 2) 결혼 생활에 대한 일반적 지침(예: 우리는 서로 상대를 존중하고 이해하며 배려한다 등), 3) 부부 각자의 주요 역할(예: 남편의 주요 역할, 아내의 주요 역할, 주요 과업에 대한 역할 분담), 4) 부부로서 상호 준수할 사항, 필수 이행 사항과 절대 피할 사항 등(예: 남편은 가사에 동참해야 한다, 의견 충돌이 있을 때 폭언이나 폭행, 막말 등을 삼가한다 등), 5) 재산

관리 방법(예: 부부 수입의 관리 방법, 집의 소유권, 일상 생활비의 충당 등), 6) 예상되는 주요 이슈에 대한 합의(예: 출산 자녀 수, 종교 등), 7) 협약서 내용을 지키지 않았을 때의 처리 방향(법적 혼인 신고, 임신 등의 시기 결정 등) 등이 포함되어야 한다.

이 협약서는 평생을 예측하고 작성할 수 없으므로 결혼 후 3년 혹은 5년 등과 같이 일정 기간마다 갱신토록 한다. 한 회기가 끝날 때는 양측의 협약서 이행 여부를 점검하고, 다음 회기에 명심할 사항과 추가·보완될 항목을 반영하여 작성한다. 이전 회기 동안 특정 일방 혹은 쌍방이 협약서 내용 중 일부 혹은 대부분을 심각하게 위반했다면 거기에 대한 조치 사항도 강구해야 할 것이다.

이와 같은 협약서의 작성 및 이행, 점검 등을 통해 1) 결혼 전에 서로 상대를 정확하게 파악할 수 있다. 2) 상대의 결혼관을 확인하는 계기로 삼는다. 협의·조정 단계에서 이견이 노출되면 최대한 절충하되 끝까지 좁혀지지 않을 때는 결혼을 과감하게 포기해야 한다. 결혼관에 심각한 차이가 있다고 볼 수 있기 때문이다. 3) 불확실성이 많은 결혼을 앞두고 미리 일종의 나침반을 마련해 두는 격이 된다. 4) 결혼 후 부부 생활의 지침서 역할을 하게 되어 서로 위반하지 않기 위해 조심하게 된다. 5) 부부 중 일방 혹은 쌍방이 협약서 내용을 심각하게 위반할 경우 사후 조치가 용이하다.

협약서가 부부의 생활을 구속한다기보다는 서로 자유롭게 생활하는 가운데 부부라는 공동체로서 지켜야 할 최소한의 가이드라인 역할을 하게 된다.

나. 결혼에 '인턴제'를 도입하라

의사들은 의과 대학을 졸업하고 의사 면허를 받은 후 1년 동안 임상 실습을 한다. 교실에서 배운 것을 현장인 병원에서 실제 상황에 적용해 보는 것이다. 이런 과정을 통해 의술을 다루는 데 있어서 실수나 과오를 최대한 줄인다. 일반 회사나 기관에서도 비슷한 제도를 도입·운영하고 있다. 정식 구성원으로 채용하기 전에 일정 기간 실전 훈련을 시키는 것이다. 이런 과정을 통해 채용하는 쪽에서는 특정 자리에 최적의 사람을 확보할 수 있고, 취업하는 쪽에서도 본인이 희망하는 직장 혹은 직무인지 사전에 점검하는 계기가 된다.

결혼을 하는 데는 오죽하겠는가? 의사나 직장보다 인턴제의 도입 필요성이 더 높으면 높았지 낮지는 않을 것이다. 앞의 제5장에서 살펴보았듯이 결혼 생활을 원만하게 영위하기 위해서는 다양한 요건들이 웬만큼 충족돼야 한다. 이런 사항들을 점검하기 위해 인턴제를 도입·실시하는 것이다.

인턴제에는 여러 가지 방법이 있을 수 있다.

첫 번째로 생각해 볼 수 있는 방법은 동거가 아니라 서로 가까이 살면서 상대를 관찰하는 것이다. 예를 들면 원룸을 각자 하나씩 구입하는데 입구가 서로 마주보도록 위치시킨다. 그래서 이웃으로, 연인으로 가까이 살면서 상대방을 다방면으로 자세히 그리고 심층적으로 관찰할 뿐 아니라 예비 부부로서 공동 생활을 영위하는 것이다. 관찰 결과에 따라 결혼 여부를 결정한다.

인턴 결과 쌍방 모두 만족스러우면 결혼으로 발전해 가고 아니면 헤어지면 된다. 만약 일부 만족스럽지 못한 사항이 발견되었으나 심각하지 않으면 관련 사항을 개선, 보완한다는 전제하에 조건부로 결혼을 승인할 수도 있다. 주의할 점은 서로 콩깍지가 씐 상태에서는 상대의 단점이 잘 안 보이고 또 웬만한 문제는 극복할 수 있을 것이라고 낙관적으로 생각하기 쉽다는 것이다. 냉철함을 잃지 않아야 한다. 이런 실험을 통해 결혼을 하기로 결정이 내려질 경우 결혼한 후에도 이런 거주 상태를 그대로 유지해도 되고 같은 공간으로 합쳐도 된다.

두 번째 방안은 처음부터 동거 생활을 시작하는 것이다. 실제의 결혼 생활을 염두에 두고 예비 부부로서 체험해 보는 것이다. 집값이나 생활비 등을 상호 합의에 따라 배분하도록 하고, 가사도 적정 비율로 분담하여 처리한다. 당연히 동거 계약서를 작성하여 공동 생활의 근간으로 삼는다.

마지막 3안은 1안을 경험해 보고 필요하면 2안으로 발전해 가는 것이다.

위의 1~3안 중 어느 것이든 사전에 몇 가지 협의·결정해 둬야 한다. 1) 결혼을 전제로 해야 한다. 2) 인턴을 실시하는 목적을 분명히 해야 한다. 3) 동거 생활의 일반 지침을 정해 둔다. 4) 비용 및 역할 분담을 명시한다. 5) 인턴 기간 중 서로 지켜야 할 사항을 구체적으로 명시한다. 6) 임신이 됐을 때의 대처 방안을 협의해 둔다. 7) 인턴을 중도에 파기할 수 있는 상황을 명시한다. 8) 인턴이 결혼으로 연결되지 않을 때의 대응 및 조치 사항을 합의해 둔다. 9) 인턴 기간을 명시한다.

다. 戀7婚3의 분위기를 유지하라

"(전략) 그러나 함께 있되 거리를 두라. 그래서 하늘 바람이 그대들 사이에서 춤추게 하라. 서로 사랑하라. 그러나 사랑으로 구속하지는 말라. 그보다 그대들 혼과 혼의 두 언덕 사이에 출렁이는 바다를 놓아두라."

레바논 출신의 철학자이자 문학가인 칼릴 지브란이 결혼 생활에 대해 남긴 금언이다.

결혼을 한 후에도 '연애할 때 기분 70%, 진동직 의미의 결혼 생활 분위기 30%(戀愛7 結婚3)'를 유지하자는 것이다. 현재의 2030

세대들은 성장 과정에서 독립적이고 개성적인 생활을 영위해 왔다. 사회 분위기 또한 자유와 독립성, 인권 등을 매우 강조한다. 이런 상황에서 특정인의 삶이 혼인 혹은 부부라는 명분하에 과도하게 얽히고설키다 보면 구속감과 불편함을 느끼게 된다. 결혼 생활이 즐거울 리 없다. 물론 부부에 따라서 戀6婚4, 戀5婚5 혹은 戀4婚6, 戀3婚7 중에서 취사선택하면 된다.

부부만의 특권인 서로 사랑하고 위로하고 돕는 행위, 가족공동체의 생활 터전을 마련하고 유지하는 것, 자녀를 출산하고 양육하는 것과 같은 최소한의 공통 부분은 부부가 함께 협의하고 결정해서 실행하되(婚3), 그 외 나머지 사항들에 대해서는 가급적 본인과 배우자를 얽어매지 말고 자유스럽게 내버려 두는 것(戀7)이 바람직하다. 즉 연애할 때의 분위기를 그대로 유지하는 것이다.

잠자리를 예로 들어보자. 서로 취향에 따라 매일 같이 잘 수도 있고 따로 떨어져 잘 수도 있다. 또 결혼 후 몇 년까지는 같이 잠자리를 하고 일정 기간이 지난 뒤에는 각방을 쓸 수도 있다.

거주지도 마찬가지이다. 인근에 원룸을 두 개 구해서 이웃으로 떨어져 살 수도 있고, 개인주택이나 아파트에서 1, 2층으로 생활 공간을 구분하여 거주할 수도 있다. 필요할 때, 필요한 사항만 공유하면 된다. 서로 애인같이 지내는 것도 좋지 않은가. 최대한 자유를 누리도록 하자!

'부부는 일심동체'라고 하는데 2030세대들에게는 맞지 않다. 부부는 근본적으로 '일심(一心)'이 될 수 없다. 그 사실을 인정해야 결혼 생활이 편해진다.

라. 결혼은 '2人3脚' 아닌 '2人3手' 달리기이다

유치원이나 초등학교의 운동회에 가면 2人3脚(2인3각) 달리기를 한다. 부모의 오른쪽 발목과 아이의 왼쪽 발목을 노끈으로 묶어서 두 명이 세 발로 달린다. 균형이 맞지 않아 넘어지기도 하고 절룩절룩 비틀거리기도 한다. 속도도 느리다. 이런 게임은 운동회에서 부모와 자녀가 이벤트 삼아 하는 것은 나름의 의미가 있다.

하지만 결혼 생활은 다르다. 결혼 생활은 장기간 지속돼야 하는데 매일 서로가 서로의 뒷다리를 건다면 이거야말로 지옥이 아니고 무엇이겠는가? 과거 우리나라 부부들의 결혼 생활 행태가 다름 아닌 2인3각 경기였다. 그 결과 결혼은 곧 구속이요 간섭이며 잔소리였다.

앞으로의 부부 생활은 '2人3手(2인3수, 손잡고 달리기)' 형태가 바람직하다. 즉 남편의 오른손으로 아내의 왼손을 잡고 달리는 형상이다. 부부인 만큼 각자가 완전히 독립적일 수는 없지만 서로 겹치는 부분을 최소한으로 줄인다. 부부가 손을 잡고 달리면 서로 속박감이 크지 않고 속도감도 있으며 넘어질 위험도 별로 없다. 반대로 한쪽이 넘어지려면 오히려 보호막이 될 수도 있다. 뿐만 아니라 길동무가 되어 혼자 달리는 것보다 덜 지루하고 신도 난다. 거기에 긴급 상황이 발생하면 관계를 끊기도 쉽다.

마. '내 인생의 주체는 나'라는 책임 의식이 필요하다

과거에는 시집보내는 딸 부모가 사위에게 "김 서방, 자네만 믿네. 우리 딸 잘 부탁하네"라는 당부를 잊지 않았다. 겸손의 표현일 수도 있지만 부모 입장에서 봐도 자신의 딸이 하찮아 보였다. 배운 것도 없고 집에 있어 봐야 할 수 있는 일도 없었기 때문이다. 그래서 밥만 축내는 존재로 인식됐다. 결혼이 늦어지면 남 보기 부끄럽고 창피했다. 그렇게 시집을 보내다 보니 결혼한 여자는 남편이나 시부모의 처분에 맡겨져야 했다.

하지만 지금은 어떤가? 아들딸 둔 부모에게 아들이 더 잘났을까, 딸이 더 잘났을까? 똑같이 잘나서 똑같이 대우하고, 그래서 똑같이 소중하다. 결혼도 똑같이 잘난 여자와 똑같이 잘난 남자가 만나서 한다. 따라서 결혼을 할 때 남녀 모두 자신의 삶은 자기가 책임진다는 주체성을 가져야 한다. 자신의 삶에 대한 독립심이 부족하면 상대에게 의지하게 되고, 상대에게 의지하다 보면 십중팔구 실망하게 된다.

아무리 부부라 해도 누가 배우자의 기대를 100% 충족시켜 주겠는가! 기대가 큰 만큼 실망도 크기 마련이고, 그러다 보면 행복한 삶과는 거리가 멀어진다. 보통 결혼 생활에서 아내의 만족도가 상대적으로 낮은데(여성가족부와 통계청의 조사 결과에 의하면 2016년 기준 배우자에 대한 만족도는 남성이 71.3%, 여성은 58.5%) 그것은 배우자에게 의지하려는 자세와 기대가 큰 데서 초래되는 경우가 많다.

결혼은 행복한 삶을 위한 '보조 수단'에 불과하다. 본인의 행복은 대부분 본인이 책임져야 한다는 사실을 명심해야 한다. 제5장에서 보았듯이 행복은 남이 만들어 주는 것이 아니다.

그렇다고 결혼 관행을 천편일률적으로 규정할 수는 없다. 인간은 모두 백인백색인지라 부부의 생활이나 부부간의 관계 설정도 각자 다르다. 어떤 사람은 배우자에게 기대고 의지하며 살고 싶고, 또 어떤 사람은 상대를 보호하고 돕는 데서 희열을 느끼기도 한다. 부부 상호 간의 취향에 따라 생활 방식도 달라질 수 있다. 단지 각자의 선택에 따라 거기에서 오는 결과도 받아들여야 한다. 기대고 의지하며 살고 싶다면 상대에게 늘 빚진 마음을 가질 줄 알아야 하고, 또 혹시 있을지 모르는 멸시도 감수해야 한다. 배우자는 성인군자가 아니기 때문이다.

2030세대에게 부부는 혼성 듀엣 가수와 같다. 어떤 노래가 1절부터 3절까지 있다고 가정하자. 1절은 여자 가수가 고음의 아름다운 목소리로 간드러지게 부르고, 2절은 남자 가수가 중저음의 묵직한 목소리로 분위기 있게 부른다. 3절은 듀엣으로 독창과는 전혀 다른 황홀한 화음을 빚어낸다.

남자, 여자 모두 혼자서도 멋있게 자신의 역량을 발휘하면서, 또 혼자만으로는 절대 표현할 수 없는 화음을 창출하여 노래 전체를 더욱 빛나게 만드는 혼성 듀엣. 부부 간의 서로 다른 특징을 결합하여 무한한 시너지(상승) 효과를 얻어내는 데 결혼의 묘미가 있다.

바. Give&Take 정신으로 결혼 생활에 임하라

결혼도 일종의 (사회적) 계약이다. 결혼을 통해 가정이라는 공동체를 구성하면 부부에게 권리와 함께 책임이 부여된다. 부부 각자가 그 조직의 일원으로서 소정의 역할과 의무를 충실히 수행해야 계약 기간, 즉 결혼 생활을 영위하는 기간 동안 원만한 관계가 유지될 수 있다.

(본인이) 베푸는 만큼만 받고, 또 최소한 받는 만큼은 베풀겠다는 성숙한 의식이 필요하다. 그러기 위해서는 자신의 역할을 정확하게 파악해야 한다. 또한 상대의 역할을 존중하는 마음이 근저에 깔려 있어야 한다. 자신의 역할은 높게 평가하고 상대의 역할은 무

시하면 비대칭이 이뤄져서 불만의 요인이 될 수 있다. 그렇다고 부부가 '동일한 것을 동일한 수준'으로 주고받을 필요는 없다. 각자의 강점을 살려서 서로 보완하면 둘 다 혜택을 볼 수 있는 것이다.

Give&Take 정신으로 살라고 하면 부부끼리 너무 삭막하지 않느냐고 반문할 수 있다. 부부 쌍방이 Take에는 관심을 두지 말고 Give에 초점을 두고 결혼 생활에 임한다면 이상적인 관계가 유지될 수 있다. 반면 그 반대가 되면 불만으로 가득할 수 있다.

사. '기본과 정도' 정신으로 'Win-Win 결혼'을 이루자

결혼을 함으로써 부부 양쪽 모두가 수혜자가 돼야 한다. 즉 Winner가 되는 것이다. 부부 중 어느 한쪽만 결혼의 혜택을 보고(Winner), 다른 한쪽은 손해를 본다면(Loser) 그 결혼은 결국 쌍방 모두 패배자(Loser-Loser)가 된다. 한쪽이 불만족스러운데 다른 한쪽이 행복할 수는 없기 때문이다.

Win-Win 결혼의 출발은 기본과 정도를 지키는 데서 출발한다. 부부에게는 무엇보다 신뢰가 중요하다. 부부는 경제적 책임과 가사, 양육 등에 대한 역할을 충실히 수행해야 한다. 반대로 외도와 폭언(행), 도박, 사치 및 과음 주사 등은 최대한 절제해야 한다. 부부간의 도리와 상식에 벗어난 행위는 부부의 신뢰를 훼손하고 그 가정을 파멸로 몰아넣는 원흉이다. 무촌이라는 부부의 의미를 살

리려면 서로 이기심을 버리고 상대에게 맞추고 배려하며 희생할 준비가 돼 있어야 한다. Win-Win 결혼의 기본 정신이다.

부부가 평생 같이 산다고 가정하면 결국에는 승자도 없고 패자도 없다. 둘 다 승자요 무승부가 된다. 따라서 살아가는 각 단계별로 어느 한쪽이 다소 불리하고 다른 한쪽이 유리하더라도 괘념할 필요는 없다. 결혼을 해서 평생 무난하게 산다면 그 자체가 시너지(상승) 효과를 발생시키는 것이다. 혼자서는 절대 가질 수 없는 부부만의 특혜를 부지불식간에 누리기 때문이다.

아. 가정을 부부 중심으로, 배우자를 항상 최우선에 두라

결혼을 하면 부부 둘만의 사이에도 극복하기 힘든 일들이 많이 발생한다. 거기에 양가의 부모형제나 친지까지 개입하면 결혼 생활이 난마처럼 얽히게 된다. 따라서 결혼 후에는 부부 중심으로 생활을 재편하고 부모형제들과는 최소한의 도리만 지키도록 한다. 앞 세대의 부부들이 결혼 생활에서 가장 빈번하게 맞닥뜨리는 갈등 요인 중 하나가 고부 갈등(혹은 장서 갈등)이었다. 고부 갈등이나 장서 갈등을 피하기 위해서는 부부가 양가의 부모형제로부터 정신적으로, 물질적으로 독립해야 한다. 필요할 때는 의지하면서 간섭은 피하려고 하면 거기에는 필시 분란이 따른다.

자녀도 마찬가지이다. 자녀가 웬만큼 성장하면 독립시켜야 한다. 특히 우리나라 기혼 여성들은 자녀를 배우자보다 우선시하는 경향이 있는데 이 역시 결혼의 진실한 의미를 망각한 처사이다.

결혼을 하는 순간 배우자가 나의 존재 이유 1순위가 돼야 한다. 이전 세대에는 대부분 생활고를 극복하기 위해 직장 일을 최우선시 했다. 좀 사정이 낫다고 해도 출세하기 위해, 명예를 위해 가족, 특히 배우자를 등한시했다.

하지만 2030세대들은 달라져야 한다. 무엇보다 배우자와 같이 하는 시간을 늘려야 한다. 그 시간에 직장에서 일어난 일들을 함께 나누고, 새로운 소식이나 지식을 공유하면서 그야말로 부부의 참된 의미를 새겨야 한다. 집 안에서뿐 아니라 커피 잔을 들고 산책하며, 배드민턴을 치며, 치맥(치킨과 맥주)을 함께하며 소소한 행복감을 가져야 한다. 기회가 되면 국내외 여행을 같이 하면서 새로운 환경을 체험하는 짜릿한 묘미도 맛봐야 한다. 이게 바로 진정한 부부이고 결혼 생활이다. 이렇게 쌓인 부부간의 애정과 신뢰는 혹시 있을지 모를 난관도 무난히 뚫고 나가게 한다.

자. 평생 '고(苦)와 락(樂)'을 함께할 준비가 돼 있어야 한다

장기간의 결혼 생활을 영위하다 보면 부부 쌍방 누구에게나 힘들 때기 있고 순탄할 때도 있다. 잘나갈 때 겸손하고 상대가 힘들 때 격려해 줘야 한다. 그래야 본인이 어렵고 위기에 처할 때 상대의 이해와 지원을 받아낼 수 있다. 배우자에게 좋은 일이 있을 때는 누리고, 힘든 일이 있을 때는 무시한다면 그게 어떻게 부부이고, 또 그 역풍은 어떻게 감당할 것인가?

긴 세월을 부부로 살다 보면 필시 굴곡이 있게 마련이다. 직장 혹은 건강, 자녀 문제, 부부로서의 도의적 문제 등과 같은 크고 작은 문제가 일어나기 때문이다. 따라서 본인이나 배우자에게 고통과 즐거움 중 어떤 것이 언제 일어날지 모른다는 생각으로 항상 대비하면서 살아야 한다. 그게 결혼을 하고, 또 상대를 배우자로 선택한 본인의 도리이다.

차. 초심 유지를 위해 '부부 중간 평가제'를 실시하라

부부의 결혼 생활 만족도를 평가하여 그 결과에 따라 준(準)부부–부(副)부부–정(正)부부 등으로 승진시키는 부부평가제를 실시하면 어떨까?

미국, 영국 등의 대학에는 Tenure(테뉴어, 종신재직권)가 있고, 우리나라에도 '교수평가제'라는 제도가 있다. 교수의 능력과 성과를 평가하여 평점에 따라 각종 자격과 혜택을 부여하는 제도이다. 평가하는 (연구) 성과에는 각 교수가 유명 학술지나 학회에 발표한 논문의 수와 질, 출판 활동, 강의 능력 등이 포함되며, 평가의 공정성을 기하기 위해 각 학교별로 평가위원회를 운영한다. 이렇게 도

출된 평점은 해당 교수의 승진과 재임용 또는 정년 보장 임용 등의 근거 자료로 활용된다.

교수들이 조교수에서 부교수, 부교수에서 정교수로 승진될 때 까다로운 심사를 거치듯이 부부에게도 이와 비슷한 제도를 두자는 것이다. 결혼 초기 2년간은 준부부, 그 후 3년간은 부부부로 명명한다. 준부부와 부부부 단계를 무사히 통과하면 정부부가 된다. 단지 정해진 기간만 채우면 자동적으로 승진하는 것이 아니라 평가 결과에 따라 각 직급별 체류 기간도 유동적이다. 부부의 결혼 생활 만족도를 평가하여 평점이 높으면 체류 기간이 짧아지고(특진), 반대로 점수가 나쁘면 길어진다(유급). 이렇게 정부부가 되면 부부간에 신뢰 관계가 공고히 구축되어 안정된 단계로 접어들었다고 볼 수 있다.

이 부부평가제는 위에서 언급한 '협약서 제도'와 연계하여 관리할 수 있겠다. 두 제도의 차이라면 협약서는 결혼 전에 작성하는 것이고, 부부평가제는 결혼 후에 설계한다는 점이다. 부부평가제의 운영 목적과 주요 관리 항목 등은 협약서 내용을 일부 추가 및 수정·보완하면 된다. 다만 준부부와 부부부, 정부부일 때의 중점 관리 항목은 서로 다를 수 있다. 각 단계의 생활 상황 등을 감안하여 첨삭하면 된다. 부부의 결혼 생활을 평가할 때는 부부 당시지의 의견이 당연히 가장 많이 반영되어야 하고, 필요할 경우 양가의 부모형제, 지인 등의 의견을 참고하면 객관성을 높일 수 있다.

이해를 돕기 위해 이 제도의 활용 방법에 대한 예를 들어보자. A라는 부부는 혼인 신고나 출산 시기를 결정할 때 준부부 단계의 결혼 생활 만족도를 참고할 수 있다. 결혼 후 4년 내에 헤어지는 부부가 한 해 전체 이혼 커플의 20% 이상을 차지한다. 이런 현실에서 A라는 부부는 결혼 후 1~2년간 부부의 상호 적응 상황을 지켜보면서 혼인 신고 및 출산 여부 등을 결정하면 후환을 줄일 수 있을 것이다.

부부부 단계의 평가 결과에 따라서는 두 번째 자녀 출산 여부와 재산 및 부부 급여 관리 방법 등을 결정하는 데 활용할 수 있다. 정부부로 승진한 후에는 (교수가 재임용 절차를 밟듯) 3년 혹은 5년마다 배우자로부터 재신임을 묻도록 하는 것도 의미가 있을 것이다. 재신임에서 탈락(이혼)하고 싶지 않다면 결혼 생활에 충실하려고 노력할 것이다. 결혼 생활은 길고 굴곡이 많으므로 한 번 안정됐다고 하여 계속 유지되라는 법이 없다. 따라서 정부부가 된 후에도 경계심을 늦추지 말아야 한다.

이 제도를 도입함으로써 1) 결혼한 부부들이 초심을 유지하여 정도에서 벗어나는 것을 최대한 방지하고, 2) 부부 사이에 중대한 결정을 할 때 (그동안의 평가 결과를 활용함으로써) 설득력과 합리성을 높일 수 있다.

7.

결혼의 알파와 오메가인 배우자, 어디에 주안점을 두고 골라야 할까?

사람들에게 "결혼을 왜 하느냐?"라고 물으면 "혼자 사는 것보다 더 행복하기 위해서"라고 한다. 행복한 결혼 생활은 무엇으로 보장받을 수 있을까? '결혼은 반드시 해야 한다. 좋은 처를 만나면 행복할 것이고 악처를 만나면 철학자가 될 것이다'에 답이 나와 있다. 행복하려면 좋은 처(남편)를 만나야 하고, 악처(나쁜 남편)를 만나면 불행해진다는 것이다.

이런 단순한 이치를 놓치는 사람들이 많다. 물론 좋은 처(남편)와 나쁜 처(남편)에 대한 정의가 사람마다 다를 수 있다. 각자 자신의 취향에 맞게 이상형의 결혼 상대를 찾겠다는데 누가 이의를 달겠는가! 하지만 이상형이라는 명분하에 구태여 악처(나쁜 남편)를 찾으니 문제이다.

마치 마약을 흡입하면서 그게 진정한 행복의 길이라고 믿는 것과 같다. 결혼을 준비하는 단계에서 행복과는 거리가 먼 불행의 싹을 틔우는 사람들이 의외로 많다. 머리로는 성격과 가치관, 대화 코드 등이 결혼 생활에 중요하다고 믿는다. 하지만 실제로는 각자가 설정한 무언가에 홀려서 방향 감각을 잃는 경우가 허다하다.

결혼하라! 행복하려면 좋은 배우자를 만나고, 불행하려면 나쁜 배우자를 만나라!
너무 시시한가? 하지만 이게 정답이다.

1) 배우자는 어떤 기준으로 골라야 할까?

배우자감을 고르는 기준은 남녀 성별은 물론 각 개인마다 천차만별이다. 하지만 많은 결혼 희망자들과 상담을 하고 또 직접 배우자 후보를 추천해 보면 큰 흐름은 있다. 많은 사람들이 상대적으로 중시하는 사항과 고려도가 낮은 사항이 분명히 있다.

현재 우리나라의 결혼 대상자들이 배우자를 고를 때 실제적으로 적용하는 배우자 조건과 이상적으로 요구되는 배우자 조건을 살펴본다.

가. 일반적 기준

현재 대부분의 결혼 대상자들이 적용하고 있는 배우자감을 고르는 기준이다. (성별 배우자 조건의 가중치 총합은 100이다.)

- **절대 조건(선행 조건)**

많은 결혼 희망자들은 이 조건이 충족되지 않을 경우 상대를 배우자 후보로 고려조차 하지 않는다.
  - 남성이 여성을 볼 때: 외모(가중치: 최소 35~최대 75)
  - 여성이 남성을 볼 때: 경제력(가중치: 최소 35~최대 65)

- **필수 조건(결정 요인)**

원만한 결혼 생활을 위해 반드시 필요한 요건이다. 절대 조건이 충족되어 일단 교제를 시작하면 주로 필수 조건에 의해 교제의 지속 여부가 결정된다. (성격에는 가치관, 성향, 습성, 삶의 자세, 유머, 기질 등이 폭넓게 포함된다.)
  - 남성: 성격(20~35)
  - 여성: 성격(30~40)

- **희망 조건**

'같은 값이면 다홍치마' 격인 사항으로 배우자감을 평가하는 데 결정적인 요소는 아니나 그렇다고 무시할 수도 없는 사항들이다. 드라마의 조연과 같은 부수적인 사항들이다. 최근에는 남성의 경우 상대의 경제력, 여성은 상대의 외모에 관심이 높아지고 있다.
  - 남성: 경제력(5~25), 학력(7~15), 가정 환경(6~13)
  - 여성: 외모(8~25), 학력(10~20), 가정 환경(8~17)

- **기타 각 개인별 선택적 조건**

건강, 종교, 사주, 나이 차, 출신지 등.

'기타 각 개인별 선택적 조건'은 배우자감을 평가할 때 각 개인별로 편차가 큰 사항들이다. 예를 들어 특정 종교를 필수 조건으로 내세우거나 사주를 고려하는 경우, 이런 조건이 충족되지 않으면 배우자 후보로 고려되지 않는다. 그러나 종교, 사주를 배우자 조건으로 중요하게 생각하지 않는 사람들에게는 전혀 고려 대상이 아니다.

나. 이상적인 기준

원만한 결혼 생활을 위해 추천하고 싶은 배우자 선택 기준이다.

배우자를 고를 때는 가급적 5대 조건(성격, 경제력, 학력, 외모, 가정 환경 등)을 골고루 균형 있게 고려하는 것이 바람직하다. 가중치의 차이는 있겠지만 특정 항목 중심으로 고른다든지, 반대로 특정 항목을 무시하면 결혼 생활을 해 나가는 데 걸림돌이 될 수 있다.

- **필수 조건(결정 요인)**
  - 남성: 외모(30)-성격(30)
  - 여성: 성격(35)-경제력(30)

기혼자 혹은 이혼한 사람들을 상대로 '결혼 생활 중 배우자와의 관계에서 가장 큰 문제가 무엇인가'를 조사해 보면 성격 차이와 경제적 문제가 단연 많이 지적된다. 따라서 배우자감을 평가할 때는 남녀 불문하고 외모(남) 혹은 경제력(여) 못지않게 성격을 중시해야 한다.

또 배우자 후보를 소개받을 때 외모 혹은 경제력을 기준으로 사전 차단할 것이 아니라 일단 다양하게 만나 보고 종합적으로 판단하는 것이 바람직하다. 외모 혹은 경제력이 아무리 좋아도 성격상 문제가 있으면 결혼 생활은 순탄치 않게 된다. 반대로 성격이 잘 맞으면 웬만한 문제는 극복할 수 있다.

- **희망 조건**
  - 남성: 경제력(17), 학력(13), 가정 환경(10)
  - 여성: 학력(13), 외모(12), 가정 환경(10)

맞벌이 시대를 맞아 남성은 외모 비중을 낮추는 대신 경제력을 중시하면 결혼 생활 중에 삶의 부담이 줄어들 뿐 아니라 생활도 윤택해진다. 반대로 여성은 본인도 경제 활동을 수행하므로 경제력에 대한 비중을 일부 낮추는 대신 성격, 학력 등에 좀 더 비중을 두면 마음이 평화로워져 안정된 생활이 가능해진다.

- **기타 각 개인별 선택적 조건**
  위의 '일반적 기준'과 동일.

2) 짝짓기를 할 때 어떤 점에 유의해야 할까?

배우자 조건별 비중은 상기 '이상적인 기준'에 따른 것이다.

가. 자신을 아는 데서부터 출발해야 한다

결혼 상대를 찾을 때는 무엇보다 자신의 결혼 시장에서의 객관적 평가를 정확하게 알아야 한다. 그 기반 위에서 상대를 찾아야 무리가 따르지 않고, 또 결혼 생활을 하면서도 부부간의 원만한 관계가 유지될 수 있다.

결혼은 이성과 한다(일부 동성 커플도 있다). 앞에서 살펴보았듯이 이성을 평가할 때는 그 나름의 잣대가 있다. 학교에서는 공부 잘하면 1등을 한다. 또 공부를 잘하면 대체로 좋은 직장(업)을 가진다. 하지만 공부를 잘한다고 반드시 이성에게 인기가 있는 것은 아니다. 기준이 다르기 때문이다.

예를 들어보자. 39세의 K 군은 국내 최고 대학을 졸업했으나 현재 자영업을 하고 있다. 고시에 실패하고 나이가 많아져서 취업이 힘들어졌다. 결국 자영업 외에 마땅한 선택이 없었다. 여성의 입장에서 배우자감으로 이 남성을 평가해 보면 점수가 별로 좋지 않다. 학력은 A+로서 13점(13점/13점)이지만 가중치가 높은 경제력은 C(17점/30점)이다. 나머지 항목인 성격(33점/35점), 외모(10

점/12점), 가정 환경(8점/10점) 등에서 모두 A를 받았다고 해도 총점은 81점이다. 따라서 K 군은 자신이 명문대를 나왔다고 하여 배우자의 수준을 자신의 학력에 맞추어 찾는다면 결혼이 쉽지 않을 수 있다. (각 항목별 평가는 '이상적인 기준'을 적용했다.)

성격, 외모, 가정 환경 등의 평가가 K 군과 비슷하다고 볼 때, B+급 대학(9점/13점)을 졸업하고 A급 직장(27점/30점)에 다니는 J 군(평가 점수 87점)이 결혼에는 더 유리할 수 있다. 여기에서 인생 역전 현상이 발생한다. 물론 K 군이 학력을 중시하는 여성을 만난다면 J 군보다 좋은 평가를 받을 수 있다.

33세의 L 양은 외모가 수수한 의사이다. 이 여성도 결혼에는 애로 사항이 많을 수 있다. 남성들이 배우자감으로 L 양을 평가할 때 학력에서는 A+(13점/13점)를 주지만 가중치가 높은 외모에서 C+(18점/30점)를 부여하여 점수를 많이 깎아 먹는다. 나머지 항목에서 경제력 A+(17점/17점), 성격 B+(25점/30점), 가정 환경 A(8점/10점)를 받을 때 총점은 81점이다. L 양은 학교 다닐 때 늘 수석을 했고 지금도 의사이지만 남자 의사들에게 결혼 상대로 선택되기는 쉽지 않다.

반대로 S 양은 B급(8점/13점) 대학을 나와서 현재 스튜어디스로 근무하고 있다. 경제력은 B+급(13점/17점)이지만 외모가 탁월하여 A+급(29점/30점)이다. 다른 항목에서 성격 A(28점/30점), 가정 환경 A(8점/10점)일 경우 총점이 86점이다. 의사 등 웬만한 전문직 남성을 배우자로 노려볼 만하다.

부연 설명하자면 남자 의사는 외모 등 다른 프로필에 상관없이 여성들에게 배우자감으로서 인기가 높다. 하지만 여자 의사는 반드시 그렇지는 않다. 조건 좋은 여성은 배우자감으로 능력, 즉 경제력을 최우선시 하지만, 조건 좋은 남성은 외모를 절대 조건으로 내세우는 경우가 많기 때문이다.

이 경우 여성이 눈을 낮추기는 현실적으로 쉽지 않다. 하지만 다른 분야에 장점이 있는 남성(예: 예체능 특기자, 사업가 등)까지 선택의 폭을 넓히면 방법이 없는 것도 아니다. 또 이렇게 맺어진 커플이 더 원만하고 행복하게 살 수도 있다. 왜냐하면 서로 상대의 각기 다른 장점을 존중할 수 있기 때문이다.

나. 남녀의 총점이 비슷해야 한다

부부 각 구성원의 배우자 조건 충족도를 평가했을 때 항목별로 비슷할 필요는 없지만 총점은 서로 비슷한 것이 바람직하다.

예를 들어 A라는 남성은 배우자감으로서 성격 31점, 경제력 27점, 학력 및 외모 각 9점, 가정 환경 7점 등으로 총점 83점(100점

만점)이고, B라는 여성은 성격 27점, 외모 26점, 경제력 13점, 학력 9점, 가정 환경 7점 등으로 총점이 82점이다. 이 경우 남성과 여성의 총점이 비슷하여 커플로서 이상적이다.

 만약 부부의 객관적 평가에서 남편은 90점, 아내는 78점이라고 가정하자. 이 경우 점수가 12점이나 높은 남편은 겸손하게 처신하고, 아내는 감사하고 보답하는 자세로 살아간다면 원만한 부부 생활이 이루어질 수 있다. 즉 평점에서 12점 낮은 아내는 생활 자세와 심성 등으로 부족분을 메우도록 노력해야 한다. 그렇지 않고 평점 차이를 그대로 유지하면 부부 생활이 삐거덕거릴 수 있다.

 반대로 아내가 90점이고 남편이 80점인 경우 남편은 가사 기여도나 일상생활에서의 충실도를 높여서 배우자에게 베풀어야 한다.

다. 가급적 과락이 없어야 한다

 남녀의 각 항목별 평가에서 과도하게 미비한 사항이 있으면 살아가는 데 걸림돌로 작용할 가능성이 높다. 위에서 예로 든 A와 B는 총점에서도 비슷하지만 각 항목별 평가에서도 과도하게 낮은 부분이 없다.

 예를 들어 A라는 남성의 가정 환경 평가가 3점(10점 만점)이고, B라는 여성의 학력이 7점(13점 만점)일 경우 각각 살아가면서 남성의 가정 환경, 여성의 학력 등으로 부부간에 갈등이 발생할 수 있다. 구체적으로 남편의 부모가 경제적으로 문제가 있다든가 심각한 질환이 있을 경우 그리고 아내의 학력이 남편보다 훨씬 낮아서 서로 대화가 통하지 않을 경우 보이게 보이지 않게 결혼 생활에 장애 요인으로 작용할 수 있다.

종교나 나이 차도 마찬가지이다. 종교가 서로 다르거나 부부 중 어느 한쪽이 특정 종교에 과도하게 몰입할 경우, 나이 차가 너무 클 경우 각각 살아가는 데 불협화음을 낼 수 있다.

라. 프로필 중 특출한 사항이 있으면 결혼에 유리하다

경제력이나 외모, 학력, 성격, 가정 환경 중에서 어느 하나라도 특출한 사항이 있으면 결혼에 유리하다.

특히 핵심 배우자 조건이 탁월하면 당연히 배우자감으로서 높은 인기를 누린다. 특정 남성의 경제력이나 특정 여성의 외모가 A+ 혹은 A급으로 탁월하거나 매우 양호할 경우 첫 만남에서 애프터를 받기 쉽다. 반대로 이런 조건상에 문제가 있을 경우 이성으로부터 선택받기 쉽지 않다.

좀 더 구체적으로 설명하면 특정 남성의 경제력이 29점(30점 만점), 특정 여성의 외모가 30점(30점 만점)일 경우 배우자감으로 높은 인기를 누리게 되고, 여기에 성격까지 좋으면 (호감 가는 이성을 만나기만 하면) 빠른 시일 내에 진지한 관계로 발전할 수 있다.

핵심 배우자 조건이 아니더라도 특출한 사항이 있으면 당연히 가점이 된다. 특정인의 가정 환경이 10점(10점 만점)이라면 다른 프로필이 다소 미흡하더라도 총점에 플러스 요인으로 작용한다. 이런 이성과 결혼하면 살아가는 데 해로울 것은 없다.

마. 특정 항목의 수준 차가 심하면 갈등 요인으로 작용할 수 있다

교제 중인 남녀가 배우자감으로서의 총점이 비슷하더라도 학력, 가정 환경, 직업 등 각각의 항목에서 수준 차가 너무 클 경우 문제 요인으로 떠오를 수 있다.

예를 들어 남성의 학력 및 직업은 A급인 데 반해 여성은 C급일 경우 여성의 외모가 뛰어나더라도 남편에게 무시당하기 쉬우며(물론 그렇지 않아야 하지만), 여성의 가정 환경은 A급이나 남성은 C급일 경우 남성의 능력, 경제력이 A급이라도 처가로부터 괄시당할 소지가 있다.

또 다른 측면에서 볼 때 만약 어떤 전문직 남성이 외모는 준수한데 학력이 떨어지는 여성과 결혼했다고 가정하자. 그 남성의 친구들은 대부분 비슷한 수준의 학력 및 직업을 가진 배우자와 살기 쉬운데, 이럴 경우 자신의 배우자와 주변 친구들의 배우자를 '비교'하게 될 가능성이 높다.

무엇보다 성격상 화합 여부가 중요하다. 결혼 생활을 하면서 배우자의 다른 조건은 다소 미흡하고 차이가 나도 서로 이해하고 참으며 살 수 있지만, 성격(가치관, 성향, 삶의 자세, 기질, 습성 등)상 차이가 크면 극복하기 쉽지 않다.

바. 사회 상식과 배치되는 짝짓기에는 난관이 도사릴 수 있다

결혼 상대를 만나는 데 정해진 법칙은 없다. 하지만 특정 사회나 시대에 일반적으로 받아들여지는 통념은 있다. 그 통념을 벗어난 커플은 결혼 생활을 장기간 영위하는 과정에서 생각지 못한 난관에 부딪칠 수 있다. 현재 우리 사회에서는 학력이나 경제력은 남성이 여성보다 우위여야 한다는 인식이 지배적이다(물론 지금은 이런 인식이 약해지고 있다). 이런 상황에서 여성의 학력이나 경제력이 더 높고 남성이 상대적으로 낮을 경우 자존심 및 열등감 등이 개입되어 결혼 생활이 원만하지 않을 수 있다.

예를 들어 아내는 명문대를 나와서 연봉이 1억 원 수준인데 남편은 평범한 대학을 나와서 6천만 원이라고 치자. 남편에게 다른 장점이 있다고 하더라도 여성의 입장에서는 살아가면서 은연중에 본인 남편과 친구들의 남편을 비교하게 된다. 물론 여성이 그것을 극복할 만한 인격체라면 전혀 문제될 게 없다.

또 다른 측면에서 우려되는 점은 아내가 학력과 경제력이 우위에 있을 경우 남편이 아내에게 고마운 마음을 가지기보다는 반항적인 행태를 취하기 쉽다. 그 이유는 '남자는 자신보다 똑똑하거나 우위에 있는 여자를 보호하거나 사랑하고 싶어 하지 않는다. 남자는 여자에게 도움을 주면서 사랑을 느낀다'는 본능이 있기 때문이다.

사. 본인 노력으로 일군 프로필이 값지다

외모나 가정 환경 등과 같이 부모에 의해 주어지는 프로필보다는 본인의 노력이 가미된 학력, 직업, 성격(끈기와 인내심, 배려심, 사회성, 매너 및 예의범절 등) 등과 같은 프로필이 더욱 값지다.

단 외모나 가정 환경 등과 같은 부모에 의해 주어진 장점이라도 본인이 그것을 기반으로 열심히 노력하여 더 큰 장점으로 다듬었다면 값지다 하겠다. 예를 들어 외모가 뛰어난 여성이 열심히 노력하여 아나운서나 모델이 되었거나, 부모의 경제력을 활용하여 다른 사람이 쉽게 벌일 수 없는 사업체를 일구었다면 본인의 프로필로 인정받을 수 있을 것이다.

한편 취업 시험에서 A와 B가 똑같이 95점을 맞았다고 가정하자. A는 IQ가 140으로 천부적으로 머리가 좋아 쉽게 획득했고, B는

IQ가 125로 A보다 한참 낮지만 노력을 통해 똑같이 95점을 얻었다. 이 경우 앞으로 누가 더 발전 가능성이 높을까? B일 가능성이 높다. 전자는 노력보다 지능의 힘이 컸고, 후자는 인내와 끈기 그리고 성실성 등의 결과물이기 때문이다.

물론 A가 앞으로 노력과 인내심을 발휘한다면 B보다 더 큰 성과를 낼 수 있다. 한 가지 더 욕심을 낸다면 머리가 좋은데 사회성과 대인관계도 양호하고, 또 다양한 경험까지 갖추었다면 그 사람의 미래 발전 가능성은 무궁무진할 것이다.

아. 과거 이력은 참고 사항일 뿐 '미래'가 중요하다

한 사람의 미래를 예측하는 데는 과거에 살아온 이력이 당연히 중요하다. 하지만 살아온 이력을 어떻게 해석하느냐에 따라 배우자감을 선택하는 데 많은 차이가 있을 수 있다.

학력을 예로 들어보자. A라는 남성은 특목고에 다녀 고등학교에 들어갈 당시로서는 수재로 통했다. 하지만 대학부터는 내리막길을 걸었다. 서울의 중상위권 대학을 나와서 직장은 평범한 100대 기업에 들어갔다. 현재 큰 희망 없이 하루하루 근무 중이다. B라는 남성은 고등학교까지는 크게 두각을 나타내지 못하다가 대학부터는 상승 곡선을 타기 시작했다. 대학은 A와 비슷한 서울의 중상위권이지만 거기서 성적 장학생을 놓치지 않았고, 그 결과 국내 5대

인기 기업에 들어가서 현재 최고 경영자를 목표로 열성적으로 일하고 있다.

위 두 남성을 평면적으로 비교해 보면 학력은 A가 낫고, 직장은 B가 우위에 있다. 하지만 배우자감으로서 장래의 관점에서 두 사람을 비교해 보면 B의 손을 들어주고 싶다. A는 앞으로 현상 유지 내지 하향 곡선을 그릴 가능성이 높지만, 반대로 B는 점점 더 발전해 나갈 여지가 있다. 여기서 한 가지 덧붙일 사항은 A의 경우 특목고 다닌 사실을 앞세워 우월감까지 가질 수 있다는 것이다. 이런 경우, 빛 좋은 개살구가 되기 십상이다. 물론 A가 환골탈태하여 직장 생활에 적극적으로 임한다면 잠재 능력이 있기 때문에 고등학교 때의 수준을 되찾을 수 있다.

가정 환경도 마찬가지이다. C의 가정은 10년 전만 해도 서울에서 상위 10%에 속하는 부유층이었으나 지금은 평범한 중위권으로 내려앉았고, D의 가정은 할아버지 대에서는 평범한 농민이었으나 아버지는 사회생활을 열심히 수행한 결과 서울의 중위권으로 올라왔다. 현재의 관점에서는 두 가정 모두 비슷한 서울 중위권이지만 미래의 관점에서 볼 때는 D가 유망해 보인다. C의 가족 구성원은 부정적이고 불평불만으로 가득 차 있기 쉬우나, D의 가족은 희망에 차서 적극적으로 살고 있을 가능성이 높기 때문이다.

야구 경기에서도 마찬가지이다. E 팀은 1회와 2회, 3회에 각각 2점, 2점, 1점씩을 획득하여 5점이고, F 팀은 5:0으로 뒤지고 있다가 7회 말에 5점을 획득했다면, 8회를 맞는 현재 시점에서는 양 팀 모두 5:5로 동점이 된다. 남은 2회 동안 어느 팀이 유리할까? F 팀은 상승 곡선을 타서 힘이 절로 나겠지만 E 팀은 초상집 분위기로 풀이 꺾여 있을 것이다.

아프리카의 어떤 부족에서는 결혼을 앞둔 여성들을 상대로 이색적인 행사를 개최한다.

참가 여성들이 각각 옥수수 밭의 한 고랑씩을 맡아 그 고랑에서 제일 크고 튼실한 옥수수를 따면 승리자가 된다.

그런데 이 행사에는 한 가지 규칙이 있다. 한 번 지나친 옥수수 나무는 다시 돌아볼 수 없는 것이다. 오직 앞만 보고 가다가 마음에 드는 옥수수 하나만을 따야 한다. 한 번 땄으면 나중에 더 좋은 것을 발견해도 새로 딸 수 없다. 그래서 여성들은 아주 신중할 수밖에 없다.

그런데 옥수수밭에서 나오는 여성들은 대부분 풀이 죽은 모습으로 작고 형편없는 옥수수를 들고 나온다.

중간중간에 이삭도 크고 알이 꽉 찬 옥수수를 발견해도 다음에 더 나은 게 있겠지, 라며 계속 지나치다가 결국 막바지에 도달하게 된다. 막다른 곳에 이르러 선택의 여지가 없어지자 울며 겨자 먹기 식으로 보잘것없는 옥수수를 딴 것이다.

결혼 상대를 찾을 때 참고할 만하다. 사람 욕심에는 한이 없고 흠 없는 이성은 없으니 고르고 또 고른다. 정도가 지나치다 보면 비교 우위의 선택을 놓치고 나중에 후회하기 쉽다. 상대가 조금은 부족해도 함께 채워 나간다는 자세로 임하다 보면 최선의 조합이 될 것이다.

8.
결혼 상대,
무엇을 어떻게 검증해야 할까?

배우자감을 찾는 사람들 중에는 '평범한 사람이면 된다', '평범한 사람이 없다' 등과 같은 표현을 자주 쓴다. 왜 그럴까? 많은 이성을 만나 봐도 이상하지 않은, 흠 없는 사람이 없기 때문이다. 배우자 감을 고를 때는 고려 사항이 수도 없이 많은데 누가 그 많은 조건을 완벽하게 갖출 수 있겠는가?

결혼 생활의 만족도는 배우자에 따라 크게 달라진다. 앞장에서는 배우자를 고르는 기준에 대해 살펴봤다. 여기서는 기준에 어느 정도 부합하는 사람을 만났을 때, 그 사람이 과연 본인의 배우자로 적합한지 아닌지를 속속들이 따져 볼 수 있는 구체적인 방법을 제시한다.

여기서 유의할 점은 배우자가 중요하다고 하여 무조건 깐깐하게만 골라서는 대상자 자체가 없을 수 있다는 점이다. 검증 방법은 다양하게 많이 제시하지만 각 개인들은 자신의 성향과 취향에 따라 검증 사항을 선별해서 적용해야 한다. 선택과 집중이 필요하다는 것이다. 핵심 요건에 대해서는 철두철미하게 검증하고, 상대적으로 덜 중요한 사항은 다소 미비하더라도 수용하는 수밖에 없다.

여기서 한 가지 강조할 사항이 있다. 교제 중인 상대가 아무리 많은 장점을 가졌다고 하더라도 본인이 도저히 용인할 수 없는 치명적인 단점이 있다면 과감하게 포기해야 한다. 개인에 따라서는 주사나 폭력, 외도, 도박 중에 하나가 될 수도 있고, 그 외 가치관이나 기질, 습성, 정치 성향, 종교와 관련된 문제가 될 수도 있다. 이혼을 하는 사람들은 대부분 배우자에게 장점이 없어서가 아니라 묵과할 수 없는 한두 가지의 단점 때문이다.

정치에서는 고위 공직자를 임명할 때 청문회를 연다. 큰 무리 없이 통과하는 후보자도 있지만, 예상치도 못했던 의혹들이 쏟아져 나와 낙마하는 후보자도 있다. 배우자감을 낙점하기 전에도 비슷한 절차를 거쳐야 한다.

1) 결혼 전에 상대의 어떤 점을 중점적으로 살펴봐야 할까?

여기에서는 결혼 대상자들이 배우자감을 고를 때 공통적으로 많이 고려하는 사항들과 필자가 볼 때 검증 필요성이 있다고 생각되는 사항들을 총망라했다. 재차 강조하지만 이 모든 사항을 다 통과할 사람은 세상 어디에도 존재하지 않는다. 따라서 각자 자신이 간과할 수 없다고 생각하는 사항들을 중심으로 점검하면 된다.

가. 성격(성향, 가치관, 생활 자세, 습성, 유머, 기질 등) 측면

〈원만한 결혼 생활에 필요한 5대 덕목〉

- **긍정적 사고**

막상 결혼을 하고 배우자와 같이 살다 보면 단점도 많고, 본인과 다른 점도 많다. 따라서 매사를 이해하고 수용하려는 자세를 가져야 큰 충돌 없이 결혼 생활을 헤쳐 나갈 수 있다. 이해심, 포용력, 낙천적 성향, 역지사지의 정신 등이 뒷받침돼야 한다.

- **친화력**

부부는 무촌이다. 따라서 부부에게 가장 필요한 것은 친구같이 막역한 관계이다. 세상 누구보다 친근하고 격의 없이 지낼 수 있어야 한다. 여기에는 1) 상대에게 맞추고 배려하려는 정신, 2) 자상하고 다정다감하며 명랑한 성격, 3) 소통을 통해 서로 절충하고 타협

하려는 자세, 4) 그 외 유머 감각과 취미 활동, 종교 등과 같은 공통의 관심사, 부창부수 정신 등이 요구된다.

• 인내심

결혼 생활은 크고 작은 문제의 연속이다. 부부 모두 웬만한 사안에 대해서는 부딪혀서 극복해 나가려는 강인한 정신력이 뒷받침돼야 한다. 내공과 끈기, 자생력 등으로 무장되면 큰 도움이 된다.

• 책임감

결혼을 하느냐 마느냐, 배우자를 누구로 하느냐 등은 모두 성인인 본인의 책임하에 결정된다. 따라서 결혼을 하고 나면 배우자와의 사이에서 발생하는 모든 일에 대해 스스로 책임지려는 자세를 가져야 한다. 또한 결혼을 하면 가정이라는 공동체가 만들어지므로 그 조직에서 부여된 각자의 본분과 도리를 다해야 한다. 여기에는 근면 성실성과 독립심, 희생정신 그리고 적극적이고 미래지향적인 자세 등이 함께 갖춰지면 금상첨화이다.

• 기본 준수

부부는 믿음과 신뢰를 생명으로 한다. 믿음과 신뢰를 유지하기 위해서는 부부로서 일정한 선을 지켜야 한다. 부부로서 지켜야 할 약속과 기대, 사회적 규범 등에서 이탈하지 않기 위해서는 강인한 의지와 절제력이 필요하다. 일반 상식과 사회 규범 등의 준수라든가 분별력과 합리성, 보편타당성 등이 갖춰져야 한다.

〈결혼 생활의 5적(賊)〉

• 부정적이고 소극적인 자세

배우자에게 100가지 장점이 있어도 2~3가지 단점만 크게 보고 늘 불평불만을 일삼는다. 멀쩡한 배우자를 결점투성이로 만들기 십상이다. 또 당면한 상황을 개선하려는 기백이 부족하고 비활동적이다 보니 자신의 역할을 수행하는 데 한계가 있어서 주변 사람들과 불필요한 충돌을 빚는다.

• 너무 강하거나 독단적인 성향

자기주장이 강하고 상대의 의견을 좀처럼 받아들이지 않아 주변 사람들과 화합이 어렵다. 절충과 타협이 되지 않아 어떤 이슈가 발생하면 원만하게 해결되기 어렵다.

• 과도하게 이기적인 성향

인간은 누구나 어느 정도 이기적이다. 하지만 그 정도가 지나치면 상대로서는 고통스럽다. 본인이나 본인의 부모형제, 자녀 등에 대해서는 불필요할 정도 많은 관심과 애정을 쏟고, 배우자나 주변 친지들에 대해서는 소홀하여 갈등 요인이 된다.

- **상대에 대한 과도한 간섭**

　아무리 부부 사이이고 같은 공간에 함께 기거한다고 해도 부부는 독립적 개체이다. 어차피 남자와 여자는 화성과 금성 출신인지라 이해 못할 사항이 많고, 또 각자 생활 습성이나 가치관, 성격 등이 모두 다르기 때문에 그런 특성을 서로가 이해하고 존중해야 한다. 상대의 생활을 과도하게 간섭하고 개입하다 보면 생활이 불편하고 부자연스럽게 된다. 따라서 부부는 최소한의 공통 영역을 설정해 놓되 나머지 사항에 대해서는 각자 자유롭게 생활해야 부작용이 없다.

- **(이해 범위 벗어난) 악습/악행의 지속적 반복**

　부부는 서로 지켜야 할 도리가 있고 그 도리가 지켜지지 않으면 부부로서 신뢰가 무너지게 된다. 특히 외도와 폭언(행), 과음 및 주사, 의존성, 다혈질적 언행 등의 악습(행)이 반복적으로 발생하면 신뢰가 깨진다. 인간으로서 완전무결할 수는 없겠지만 최대한 절제해야 한다.

나. 경제적 측면

〈필수 보유 사항〉

- **당사자**

1) 직장(업)의 안정성 유무를 반드시 확인해야 한다. 새로운 직장

을 찾기도 쉽지 않고, 이직이 잦으면 쉬는 기간이 늘어나서 수입이 불안정할 뿐 아니라 각종 불이익도 따를 수 있다. 한편 사업이나 자영업자일 경우 기반이 튼튼하게 구축됐는지, 경기에 얼마나 민감한지, 장래성은 있는지 등을 반드시 점검해야 한다. 사업이 망해서 가정 파탄으로 연결되는 사례가 비일비재하다. 2) 결혼 준비 여부를 점검해 봐야 한다. 신혼 생활을 최소한의 경제적 기반 위에서 시작하는 것과 그렇지 않은 경우에는 많은 차이가 있을 수 있다. 3) 현재의 직장(업)에 대한 자긍심 유무도 살펴봐야 한다. 일을 억지로 하는 것과 재미있게 하는 것 사이에는 만족도와 성취도상 엄청난 차이를 발생시킨다. 또 직업의 안정성과도 연결된다. 4) 사회성도 중요하다. 사회생활은 대부분 다양한 사람들과의 교류를 필요로 한다. 사회성이 부족하면 직무를 원만하게 수행하는 데 지장을 초래할 수 있다. 5) 인내심과 끈기를 빼놓을 수 없다. 직장 생활에는 늘 크고 작은 문제가 있고, 거기에는 스트레스가 따른다. 이런 문제들을 해결하고 스트레스를 극복하는 데는 인내심과 끈기가 필수 불가결하다. 6) 건전한 경제 관념을 가졌는지 눈여겨봐야 한다. 사치 습성이 있고 방탕한 생활에 익숙하면 가정 경제는 멍들게 된다. 7) 근면 성실성을 빼놓을 수 없다.

- **가족**

가족 구성원들의 경제적 자립도를 점검해야 한다. 부부가 신혼 생활을 시작하여 경제적 기반을 구축하기도 어려운데 지원해야 할 가족까지 있으면 경제적 자립은 요원해진다.

〈배제 사항〉

1) 도박이나 무리한 투자 습성, 보증을 서는 행위 등이 없어야 한다. 잘못되면 나락으로 떨어진다. 2) 부채가 없어야 한다. 새로운 삶을 빚으로 시작하면 경제적 기반을 구축하는 데 부지하세월이다. 3) 직장을 자주 옮기거나 무작정 사업에 뛰어드는 기질이 없어야 한다. 4) 배우자 본인이나 그의 가족에게 이변 발생 가능성이 없어야 한다.

다. 외모, 신체 조건 측면

각자의 취향에 따라 판단하면 된다.

- **남성**

주로 신장, 체형, 얼굴 윤곽, 헤어스타일 등을 많이 고려한다. 개인에 따라서는 맑고 청순한 눈, 반듯한 이목구비, 밝고 선한 이미지, 잘 관리된 몸매 등에 관심을 보인다.

- **여성**

신장과 빈모 여부, 체형 그리고 인상 등을 주로 본다.

라. 학력, 교양 측면

각 개인별로 학력에 대한 비중에 큰 차이가 있다. 남녀 모두 '대화가 통할 정도의 학력과 교양' 등을 희망한다. 최근에는 학력 자체보다는 학교에서 배우고 익힌 실력을 바탕으로 어떤 직장(업)에 들어가서 어떤 성과를 거두고 있는지를 더 중시하는 경향이 있다. 예를 들어 A+급 대학을 졸업하여 B+급 직장에 다니는 것보다는 B+급 대학을 나와서 A+급 직업을 가진 자를 선호한다.

상대의 학력을 통해 지능지수와 노력도, 가정의 지원 수준 등을 함께 파악할 수 있다. 학력을 평면적으로만 평가할 것이 아니라 특정 학교에 가게 된 배경, 학업 여건, 전공 학과, 학점 등을 고루 평가해야 특정인의 학력을 종합적으로 파악할 수 있다.

한편 학창 시절의 주요 경험 분야, 교우 관계, 교사나 친구들의 평가 등도 특정인을 평가하는 데 많은 도움이 된다.

마. 가정 환경 측면

결혼 상대의 가정 환경은 여러 측면에서 매우 중요하다. 어떤 부모 밑에서 어떤 교육을 받으며 어떤 습성이나 가치관이 길러졌는지를 종합적으로 판단할 수 있기 때문이다. 또 결혼 후의 생활에도 직·간접적으로 크든 작든 영향을 미칠 수밖에 없다. 따라서 1) 가족 구성원별 신분 및 사회적 지위, 2) 가정 경제 및 생활 현황, 3)

추구하는 가치관 및 가정 분위기, 4) 집안 내력 및 병력 등에 대해 살펴봐야 한다.

바. 기타 각 개인별 선택적 조건

- **건강**

배우자감을 물색할 때 건강은 당연시하는 경우가 많다. 그러나 건강의 중요성은 아무리 강조해도 부족하므로 1) 당사자의 체력과 체질, 신체적 및 정신적 질환 유무, 2) 가족 구성원들의 병력, 건강한지의 여부 등을 체크할 필요가 있다. 기회를 봐서 최근 실시한 종합 건강 검진 결과를 상호 교환해 본다.

- **종교**

돌싱들 중에는 종교상 문제로 이혼한 사례도 적지 않다. 종교와 관련하여 다양한 문제가 발생한다. 같은 종교를 가지고 비슷한 수준의 신앙심을 가지면 상승 효과가 발생하나 그렇지 않으면 갈등 요인으로 작용하기 쉽다. 따라서 상대가 믿는 종교가 무엇인지, 종교에 대한 몰입도, 사교 여부 등을 확인해야 한다.

- **사주**

개인에 따라 고려도가 천차만별이다. 어떤 사람은 최우선 조건으로 고려하나 어떤 사람은 전혀 고려하지 않는다.

사주를 고려하더라도 과도하게 의존하기보다는 참고 사항으로 받아들이는 것이 바람직하다. 사주를 진지하게 고려하면 다른 조건을 웬만큼 갖춘 이성 10명을 제시해도 그중 1~2명만이 사주의 관문을 넘는다. 좋은 잠재적 배우자감이 사주 때문에 만남의 기회조차 가지지 못한 채 대상에서 제외된다. 따라서 사주를 최우선적으로 고려하기보다는 일단 만나 보고 배우자 후보로 판명될 경우에 한해 참고 사항으로 고려하는 것이 바람직하다.

- **공통의 관심사**

공통의 취미나 관심사 그리고 같은 정치 성향 등을 가지고 있으면 결혼 생활에 윤활유가 될 수 있다.

[결혼에 실패한 사람들의 주요 이혼 사유]

돌싱들의 주된 이혼 사유를 사전에 알아두면 배우자감을 찾는 데 반면교사 역할을 할 것이다. 아래 내용은 재혼 전문 온리-유의 돌싱 남녀 회원 각 246명에 대한 이혼 사유를 분석한 자료이다.

〈남성〉

- 성격 차이(57.7%): 자기주장이 너무 강하다(사납다, 드세다, 막무가내 성향이다 등), 가사에 소홀하다, 음주벽이 있다, 과도하게 이기적이다, (시가 대비) 친정에 대한 관심도가 너무 높다, 배려심이 부족하다, 분별력이 없다, 반려 동물을 키운다 등.
- 외도(11.0%)
- 장서 갈등(7.7%): 처가에서 사위의 생활에 과도하게 간여한다.
- 경제적 문제(5.7%): 사치가 심하고 경제 관념이 없다, 다단계에 빠져서 재산 손실을 가져왔다, 도박이 심하다, 친정에 경제적으로 지나치게 지원한다, 속물근성이 있다 등.
- 기타(17.9%): 정신 질환 등 건강에 문제가 있다(5.3%), 속아서 결혼했다(3.7%), (언어) 폭력이 심하다(2.0%), 사이비 종교 등 종교상 문제가 있다(사이비 종교, 종교에 과도하게 몰입, 특정 종교에 대한 전도 등), 국제결혼을 했다가 실패했다, 불임이다, 신체적 매력이 없다 등이다.

〈여성〉

- 성격 차이(34.2%): 냉담하다(쌀쌀맞고 몰인정하다), 가부장적이다, 가정에 소홀하다, 과음 및 주사가 심하다, 책임감이 없고 성실성이 부족하다, 돈에 너무 인색하다, 이기적이다, 마마보이 성향이 있다 등.
- 가정 경제 문제(28.9%): 무능력자이다, 사업에 망하고 폐인이 됐다, 도박이 심했다, 주식 투자에서 큰 손실을 봤다, 낭비벽이 있고 방탕하다, 빚보증을 섰다가 재산을 탕진했다 등.
- 외도 및 외박(19.9%)
- 폭력(6.9%)
- 기타(10.1%): 사기결혼을 당했다(2.8%), 고부 갈등이 심했다(2.4%), 정신 질환 등 건강상 문제가 있었다, 기타 종교 문제와 불임, 의처증 등이 있다 등.

2) 결혼 상대를 검증할 때 어떤 방법이 효과적일까?

결혼 상대를 검증할 때는 다음과 같은 사항에 유의해야 한다.

첫 번째로 일상적인 교제 중에도 상대의 많은 것을 파악할 수 있다. 차를 마시거나 식사를 하면서 상대의 습성이나 매너 등을 볼 수 있고, 또 대화를 나누면서 그 사람의 성향과 가치관은 물론 의식 수준과 교양 등도 꿰뚫어 볼 수 있다.

두 번째로는 다양한 상황을 연출해 볼 필요가 있다. 부부 생활에서 발생할 수 있는 잠재적 문제들을 테스트하기 위해 각종 상황을 시뮬레이션(Simulation)해 보는 것이다. 운전이나 논쟁을 통해 상대의 성향, 기질 등을 엿볼 수 있고, 취중 언행을 살펴봄으로써 주사 혹은 그 사람의 가려지지 않은 진솔한 면을 볼 수도 있다.

세 번째로는 '하나를 보면 백을 안다'는 자세로 임해야 한다. 결혼 생활에서 발생할 수 있는 상황들을 모두 연출해 볼 수는 없으므로 특정 행태를 보면서 관련된 사항을 유추할 수 있어야 한다.

네 번째로는 '아는 만큼 보인다'는 의미를 명심해야 한다. 상대의 언행 하나하나에 담긴 의미를 해석할 분별력이 있어야 한다.

마지막 다섯 번째는 내가 상대를 관찰하듯 상대도 나를 관찰하고 있다는 사실을 항상 명심해야 한다.

(1) 검증 개요

- **검증 대상**

소개받은 상대가 어느 정도 배우자 후보군에 들어오면 일단 만나 보고 판단하는 것이 바람직하다. 배우자감을 찾을 때 흔히 '대화가 통해야 한다', '필이 통해야 한다', '코드가 맞아야 한다', '좋은 사람인데 나하고는 잘 안 맞는다' 등과 같은 표현을 많이 쓴다. 이런 소프트하고 감성적인 부분은 본인이 직접 만나서 교감해 보지 않고서는 정확하게 판별할 수 없다. 일단 결혼을 하고 나면 이런 요소들이 부부간의 친밀도와 코드 등에 절대적인 영향을 끼친다.

- **검증 사항**

8장의 앞부분 '결혼 전에 상대의 어떤 점을 중점적으로 살펴봐야 할까?'에서 제시한 내용을 중심으로 관찰한다.

- **검증의 의미**

결혼 생활은 남녀 두 명이 전혀 예측할 수 없는 미지의 세계를 파헤쳐 나가는 것과 같으므로 교제를 통해 불확실 요인을 최대한 줄여 준다.

- **검증 시 유의 사항**

5년, 10년 동안 연애를 하고 결혼해도 1년도 채 못 살고 헤어지는 사례가 많다. 왜 이런 현상이 벌어질까? 연애를 위한 연애를 했기 때문이다. 상대를 주마간산 격으로 주의 깊게 관찰하지 않았기 때문이다. 결혼을 위한 연애에서는 어떻게 해야 할까? 상대의 언행 하나하나를 대할 때 저런 각각의 행태가 결혼 생활에는 어떻게 적용되고 또 어떤 영향을 미칠지 항상 염두에 두고 관찰해야 한다.

(2) 검증 방법

가. 일상 대화 및 교제를 통해

상대와 대화를 나눠 보면 그 사람의 가치관이나 성향, 삶의 자세, 생활 및 지적 수준, 매너 등과 같은 사항을 광범위하게 파악할 수 있다.

- **대화 및 커뮤니케이션 능력, 태도 파악**

매너, 수준, 성향, 친근감, 집중력 등을 파악할 수 있다.

- 대화 시 상대에게 집중해서 듣고 자신의 의견을 명확하게 잘 표현하는지 여부.
- 대화 시 유머 감각이나 위트 유무, 친근하고 격의 없이 대화를 주고받는지 여부.

- 대화 중 사용하는 언어나 표현의 적절성 및 수준.
- 카톡, 문자 등을 주고받을 때 상대의 마음을 헤아려서 적시에 센스 있게 대응하는지 여부.

• **생활 자세 및 습성 파악**

성격, 품성, 가치관, 악습 등을 볼 수 있다.

- 매사를 긍정적이고 적극적으로 보는지 아니면 부정적이고 소극적으로 보는지 여부, 자기중심적 사고 여부.
- 자녀 및 육아에 대한 생각, 휴일을 보내는 방법(취미 활동), 정치 성향, 종교관 등.
- 본인과 생각이 다를 때 어떻게 대처하는지.
- 도박, 결벽증, 의심, 잔소리 등의 소지 유무.

• **일상생활 및 본인에 대한 태도 파악**

본인에 대한 관심과 호감도, 매너, 에티켓, 배려심, 생활 습성 등을 파악할 수 있다.

- 약속 시간 준수 및 옷차림, 화장, 액세서리, 헤어스타일 등의 적정성 여부.
- 장기간 교제해도 늘 한결같이 예의를 지키는지.

- 함께 있으면 편안하고 무슨 얘기든 부담 없이 주고받을 수 있는지.
- 있는 그대로의 나를 좋아하고 가끔씩 마음의 선물도 준비하는지.
- '고마워', '미안해' 등의 표현을 자주 쓰는지 여부 등.

나. 식사를 같이 하면서

식사를 같이 해 보면 매너나 에티켓, 식습관, 가정 교육 등이 무의식중에 노출될 수 있으므로 상대를 파악하는 데 많은 도움이 된다. 남녀 간에 미팅을 가지고 나면 상대의 식사 매너에 대해 불평하는 사례가 많다.

- **식당이나 메뉴를 고를 때**
  - 그날의 상황에 맞게 센스 있고 적정하게 잘 선택하는지, 과소비형인지 자린고비형인지 여부.
  - 상대를 배려하는지 자기중심적인지.
  - 사전 준비 및 계획성 유무.
  - 결단력이 있는지 우유부단한지 여부 등.

- **식사할 때**
  - 식사를 시작하고 끝낼 때 상대와 보조를 잘 맞추는지 여무: 식

사를 시작할 때는 '맛있게 드세요!', '입에 맞을지 모르겠네요!', '잘 먹겠습니다' 등과 같이 인사를 건네고 상대와 같이 수저를 들도록 한다. 이와 관련하여 몇 가지 추가할 사항은 직장이나 각종 사회 모임에서는 당연하고 가족, 친지들과 여럿이 식사를 함께 할 때는 1) 식사 세팅 중에 반찬 등 음식물을 집어먹지 말고, 2) 그 자리의 연장자, 상사 등이 먼저 숟가락을 든 후 본인도 뒤따라 들어야 하며, 3) 탕 종류나 물김치 등과 같은 공동의 음식물은 (친해지기 전에는) 반드시 앞접시에 덜어서 먹어야 한다. 4) 식사 속도도 비슷하게 하고, 식사를 먼저 끝내더라도 가급적 숟가락을 같이 놓도록 하며, 연장자가 자리에서 일어날 때 뒤따라 일어나야 한다.

- 대화를 하면서 침이나 음식물이 튀지 않게 조심하는지, 트림을 소리 내어 하지 않는지, 음식물 앞에서 머리손질을 하여 불결한 모습을 보이지 않는지.
- 숟가락이나 젓가락 등으로 식기 긁는 소리를 내지 않는지, 음식물 씹는 소리를 크게 내지 않는지.
- 반찬 등을 두세 번 추가로 시키지 않는지.
- 식사 중에 맛있는 것을 상대에게 추천하는 배려심과 친근감이 있는지 등.

• 기타 관찰 사항
- 본인과 상대가 적정한 비율로 비용을 지불하는지.
- 종업원에게 예의를 갖춰서 대하는지 등.

다. 공중도덕 관념을 보면서

공중도덕 준수 여부를 보면 다른 사람에 대한 배려심과 분별력을 알 수 있으며, 평소 기본과 상식에 입각한 삶을 살아가는지 여부도 가늠해 볼 수 있다. 이런 것이 잘 지켜지지 않으면 일상생활에서 부지불식간에 불쾌감과 짜증을 유발할 수 있다.

- **지하철, 버스 등 대중교통 이용 시**
  - 오르내릴 때 차례대로 질서를 잘 지키는지 여부.
  - 자리에 앉아서 다리를 꼬거나 옆으로 벌리며, 혹은 발을 앞으로 죽 내밀어서 주변 사람들에게 불편을 주지 않는지.
  - 음료수나 음식물을 가지고 타서 주변 승객들에게 불안감과 불쾌감을 주지 않는지.
  - 많은 사람 앞에서 화장을 심하게 하지 않는지.
  - 시끄럽게 떠들거나 복잡한 통로를 비집고 다니지는 않는지, 백팩이나 핸드백 등으로 다른 사람에게 부딪쳐서 불쾌감을 주지는 않는지.
  - 비 오는 날 우산을 접을 때 버튼을 채우지 않고 펑퍼짐하게 풀어헤쳐서 다른 사람의 옷을 젖게 하지는 않는지 등.

- **공원이나 길거리 등에서**
  - 침을 뱉거나 휴지를 버리지 않는지.
  - 핸드폰에 정신이 팔린 채 걷지 않는지.

- 하품할 때 크게 벌린 입을 만인에게 흉하게 노출하지 않는지.
- 보행 규칙과 교통 신호를 잘 지키는지 등.

라. 술자리를 통해

술자리를 함께하는 것은 배우자 후보를 검증하는 데 가장 좋은 방법 중 하나이다. 맨정신에서 보기 힘든 면을 볼 수 있기 때문이다.

- 술을 적정선에서 절제하는지, 아니면 주체할 수 없을 정도로 계속 마시는지, 술을 마신 후 주사는 없는지 등을 관찰할 수 있다.
- 술자리에서 진솔한 모습을 볼 수 있다. 술을 마시면 긴장감이 없어져서 말도 평소보다 많아지고 솔직해지므로 가식 없는 모습을 볼 수 있다. 평소 궁금했던 사항을 물어보면 있는 그대로의 속마음을 들춰볼 수도 있다.
- 직장 생활이나 결혼에 대한 생각, 가정에서의 이슈 등을 파악하는 데 좋은 기회가 될 수 있다.
- 술을 마시면 행동이 과감·과격해진다. 2차, 3차까지 가려고 하거나, 엉뚱한 곳에 가자고 할 수도 있으며, 무리한 스킨십을 원할 수도 있다.

마. 취미 활동을 같이 하며

움직일 때와 자리에 앉아 있을 때는 다른 면이 많다. 같이 취미 활동을 같이 해 보면 상대의 신체적 특징이나 여타 장단점을 파악하는 데 도움이 된다.

- 위락 놀이 시설에 함께 간다. 웃고 즐기는 가운데 상대의 성격이나 성향 등을 볼 수 있다.
- 운동을 같이 한다. 테니스나 배드민턴, 탁구, 등산 등을 같이 하다 보면 상대의 체력이나 장기, 신체적 특징, 인내심, 끈기 등을 볼 수 있다.
- 게임을 같이 한다. 취향이나 특기, 승부욕, 배려심 등을 확인할 수 있다.
- 여유 있고 편안한 시간을 가진다. 가벼운 마음으로 강변이나 공원 등을 거닐며 부담 없는 주제로 담소를 나누다 보면 인생관이나 가치관, 상식, 살아온 내력 등을 내비치게 된다.
- 여행을 같이 한다. 낯선 곳에 가게 되면 준비심이나 배려심, 새로운 곳의 적응력과 문제 해결 능력 등이 나타난다.

바. 상대의 친구들과 자리를 함께하며

'(교류하는) 친구를 보면 그 사람을 알 수 있다'라는 외국 격언이 있다. 결혼을 전제로 교제하는 연인의 친구들과, 그것도 술자리에서 같이 만나다 보면 진담이나 농담을 통해 연인에 대해 다양한 면모를 엿볼 수 있다.

- 상대가 2~4명(너무 많을 때는 효과가 적음)의 친구들과 모일 때 그 자리에 혼자 혹은 본인 친구 1~2명과 같이 참석한다. 상대의 친구들이 술을 마시고 농담처럼 툭툭 내뱉는 말에 상대에 대한 객관적 평가가 담길 수 있으니 유의해서 들을 필요가 있다.
- 친구들 사이의 대화에서 말투, 용어, 표현 등을 들어보면 그 사람의 평소 가려진 실제 모습, 수준을 알 수 있다.
- 친구들에게 본인을 어떻게 소개하고 어떻게 다루는지를 보면 상대의 평소 본인에 대한 생각을 유추해 볼 수 있다. 상대가 언제 어디서나 본인을 칭찬하고 소중하게 생각하면 가점 요인이다.
- 상대 친구들과 술자리나 노래방 같은 곳에 가 보면 상대는 물론 그 친구들의 진면목을 볼 수 있다. 교제 상대가 본인 친구에게 수작을 걸 수도 있으므로, 다음 날 친구들에게 솔직한 피드백을 들어보면 미처 몰랐던 사실이 드러날 수도 있다.

사. 자동차 운전, 드라이브를 통해

자동차를 운전할 때는 그 사람의 성격이나 기질, 에티켓, 준법정신 등의 다양한 면이 나타난다.

- 기본적으로 교통 법규를 준수하는지 여부.
- 성격이 급한지 여유가 있는지, 교양이나 에티켓이 있는지 없는지.
- 다른 차량이나 보행자를 배려하는지.
- 다른 차가 끼어들 때 어떻게 대처하는지, 곡예 운전을 하는지.
- 차가 깨끗하게 정리돼 있는지 어수선한지.
- 생활 수준 대비 자동차 등급(사치 여부) 등을 눈여겨본다.

아. 상대의 직장이나 사업장 방문을 통해

맞벌이 시대이므로 남성은 물론 여성도 직장(업)이 매우 중요하다. 상대의 직장(업)을 직접 방문해 보면 평소 말로만 듣는 것과는 전혀 다른 의외의 사실을 접할 수 있다. 교제가 어느 정도 무르익은 후 상대의 직장이나 사업장 등을 방문해 보면 효과가 크다.

- 상대의 직장이나 사업장 등을 방문하면 상대가 이런저런 설명을 많이 하게 된다. 현재의 상황이나 미래 계획 등을 자세하게 얘기할 수 있으므로 세부적으로 파악하는 데 큰 도움이 된다.
- 직장이나 사업에 대해 긍정적인지 부정적인지, 꿈과 야망을 가지고 열성적으로 임하고 있는지 아닌지, 사업이 잘되는지 아닌지 등을 살펴보도록 한다.
- 직장이나 사업장에 가서 이런저런 칭찬을 해 보라! 칭찬을 받으면 우쭐하여 속마음을 털어놓는 경향이 있으므로 상대의 속

사정을 들여다볼 수 있다. '사무실이 좋다', '(좋은 직장에 다니니) 출세했다', '사업이 잘되는 것 같다' 등과 같이 칭찬을 하면 '사실 요새 내가 잘나간다', '바쁘긴 해도 보람이 있으니 신나게 일한다', '지금은 여기 있지만 언제 나갈지 모르지 뭐', '빛 좋은 개살구지 뭐' 등과 같은 속마음을 들춰내면 일단 목적을 이룬 것이다.

자. 상대의 집을 방문해 보고

가정을 방문해 보면 전반적인 분위기는 물론 가족 구성원들의 면면을 파악하는 데 도움이 된다. 결혼을 약속하기 전에는 상대의 가정을 방문하기가 쉽지 않겠지만 기회를 의도적으로 만들어 보거나 아니면 아래와 같은 사항에 대해 평소 대화 시 타진해 볼 수도 있다.

- 가정 분위기와 구성원들의 교양, 품격, 수준, 건강 등을 살펴본다.
- 상대에 대한 가족들의 평가에 귀를 기울인다. 특히 성장 과정을 귀담아 듣는다. 중·고등학교 성적보다는 대학, 대학보다는 직장 등과 같이 나이가 들수록 성장 발전하는지(대기만성형) 아니면 그 반대인지(조기퇴보형)를 유의해서 살피고, 커 오는 과정에서 훌륭한 공적이나 혹은 큰 실수가 있었는지, 마마보이 혹은 마마걸 유형은 아닌지 눈여겨본다. 나이가 들면

서 점점 발전해 가는 사람을 택하는 것이 바람직하다. 갈수록 위상이 낮아지는 사람은 그 패턴을 역전시키기 힘들므로 주의할 필요가 있다.
- 친지들과 원만한 관계를 유지하는지도 중요하다. 친지들과 문제가 있다는 것은 인간의 도리를 잘 못하고 산다는 증거가 되므로 살아가면서 보이게 보이지 않게 장애 요인이 될 수 있다.
- 본인에 대한 상대 가족의 반응을 살펴봐야 한다. 상대 가족이 자신을 사윗감 혹은 며느릿감으로서 어떻게 생각하는지 눈여겨볼 필요가 있다. 상대 가족들이 본인에게 하는 질문, 본인에 대한 대접 및 대우, 후일담 등을 종합해 보면 어느 정도 감이 잡힌다. 상대가족이 본인을 사윗감(혹은 며느릿감)으로 못마땅하게 생각하면 결혼을 한다 해도 후환이 있을 수 있으므로 유념해야 한다.
- 방문 후 상대에게 '집이 좋다', '가족들의 인상이 좋다', '화목해 보인다' 등과 같이 칭찬을 하고 상대의 반응을 살펴본다.

[결혼 상대를 관찰할 때 참고할 사항: 결혼 전후의 차이]

　결혼하기 전에는 장점으로 보이던 것이 막상 결혼을 하고 나면 불편하고 단점으로 바뀌는 사항이 있는가 하면 그 반대도 있다. 상대를 배우자감으로 고려한다면 관찰할 때 이런 점까지 감안해서 살펴봐야 한다. 몇 가지 예시를 소개한다.

- **결혼 전에는 장점인 줄 알았는데 살아 보니 단점인 경우**
  - (결혼 전에) 인간관계가 좋아서 친구가 많다. → (결혼 후) 술 먹고 늦게 귀가하는 날이 많다.
  - 평소 정이 많고 의리를 중시한다. → 가족보다 친구 일이 먼저이고 보증을 서는 등 사고를 잘 친다.
  - 데이트할 때 돈을 잘 쓴다. → 저축한 돈이 없고 결혼해서도 돈 못 모은다.
  - 여자에게 항상 다정다감하고 매너가 좋다. → 여자 문제로 속을 썩이기 쉽다.
  - 친화력이 뛰어나서 주변 사람들과 금새 친해진다. → 여자를 유혹하는 데 일가견이 있다.
  - 추진력이 뛰어나고 결단력이 있다. → 독단적일 수 있다.
  - 가족끼리 화목하게 잘 지낸다. → '시댁(처가)' 식구끼리 너무 끈끈하게 잘 지내면 시도 때도 없이 모임을 갖는다.

- 나이보다 젊어 보인다. → 남편이 아내보다 더 동안이면 신경 많이 쓰인다.
- 잘생겼다. → 주변에 여자들이 접근할까 봐 신경 쓰인다.

• **결혼 전에는 단점인 줄 알았는데 살아 보니 장점인 경우**
- (결혼 전) 낯을 가리고 사교성이 없다. → (결혼 후) 퇴근과 동시에 귀가하고 가정적이다.
- 밖에서 돈을 잘 안 쓴다. → 가족을 위해 쓰고 저축한다.
- 섬세하지 못하다. → 이것저것 따지고 잔소리하지 않는다.
- 공과 사가 분명하다. → 지인의 보증이나 돈 빌려달라는 부탁에 결연하다.
- 내 친구들을 친근하게 대하지 않는다. → 여자 보기를 돌 보듯 하여 바람을 잘 안 피운다.
- 유하고 다소 우유부단하다. → 아내의 의견에 잘 따른다.
- 가족 간에 무덤덤하게 지낸다. → 시댁 모임에 자주 갈 일 없다.
- 인물이 별로이다. → 여자가 접근하지 않아서 마음이 편하다.

행복한 결혼 생활 영위를

저자가 제안하는 2020년 바람직한 결혼관

- 결혼에 앞서 '협약서'를 작성하라!
- 결혼에 '인턴제'를 도입하라!
- 戀7婚3의 분위기를 유지하라!
- 결혼은 '2人3脚' 아닌 '2人3手' 달리기이다!
- '내 인생의 주체는 나'라는 책임의식이 필요하다!
- Give & Take 정신으로 결혼생활에 임하라!
- '기본과 정도' 정신으로 'Win-Win 결혼'을 이루자!
- 가정을 부부중심으로, 배우자를 항상 최우선에 두라!
- 평생 '고(苦)와 락(樂)'을 함께할 준비가 돼 있어야 한다!
- 초심 유지를 위해 '부부평가제'를 실시하라!